Trascender el Apocalipsis Personal

Si alguna vez has experimentado una noche oscura en el alma, en la que el piso desaparece, tú y tu realidad se desarman, y tocas fondo sin esperanza o sin ninguna idea de cómo seguir, este libro es para ti.

Cuán bueno sería contar con un amigo que te acompañara y te cuidara con compasión en esa circunstancia. Alguien, que entendiera por lo que estás pasando, que hubiera pasado por una experiencia similar y que pudiera ayudarte a encontrar la salida.

En Trascender el Apocalipsis Personal: reemplaza tus Creencias, revitaliza tu futuro, Douglas Breitbart y Fabián Szulanski asumen ese papel. En vez de ofrecer remedios rápidos o soluciones complacientes, te guían por una exploración empoderada de autoindagación. "Cada uno de nosotros es el creador de su propia vida", afirman; y ofrecen al lector un viaje que consiste en "reemplazar el sutil pero penetrante miedo, por una profunda sensación de bienestar" y conlleva un cambio "… hacia la curiosidad y entusiasmo acerca de lo que el futuro atesora".

Abreviando, este es un libro sobre desbloqueo a través de un proceso de autoindagación, que ofrece una hoja en blanco sobre la cual puede ser escrita una nueva historia de vida. También comparto una cita de George Bernard Shaw, que vino a mi mente al leer su libro: "La imaginación es el principio de la creación. Imaginamos lo que deseamos, queremos lo que imaginamos y, por fin, creamos lo que queremos".

Alexander Laszlo, Ph. D.
Presidente
Bertalanffy Center for the Study of Systems Science

A diferencia de otros libros, Breitbart y Szulanski no intentan dar la receta mágica para cambiar nuestras vidas. Proponen acompañarnos en la búsqueda de episodios disruptivos en nuestra historia personal que hayan condicionado las elecciones y los patrones de comportamiento que hoy nos limitan y que nos inhiben de vivir con sentido único, según el potencial y las posibilidades de cada uno.

Desde esta perspectiva, ellos ponen énfasis en el ser y en la búsqueda de la identidad genuina (¿Quién soy?), en vez de hacer de manera automática, que solo repite fallas y frustraciones de manera compulsiva.

Es una interesante propuesta para los contextos actuales de incertidumbre y angustia social, en los cuales estamos sumergidos desde el interior. En ese contexto, construir una nueva autobiografía se convierte en un activo precioso y esencial. Los autores nos motivan a encarar esta exploración profunda previa a la acción. Aceptemos el desafío. ¡Felicitaciones!

Martín Yechúa
Director Ejecutivo
ADIRAS

Doug y Fabián le han puesto palabras a la lucha inconsciente que la vida representa para muchos de nosotros. Esta eterna sabiduría puede iluminar de manera trascendente hasta el más oscuro de los apocalipsis personales.

Hayden Smith
Leader of Transformation
Siemens Energy

¡Lector, cuidado! Este libro NO está escrito en el estilo típico de los libros de autoayuda. Se desvía de todas las maneras antiguas de trabajar con el trauma y va directamente a lo que está en el corazón de todo: ¡USTED!

Este libro le permite dar una mirada diferente a la vida y, sobre todo, a la forma en que responde ante lo que la vida le ha dado. Este libro no es de lectura ligera. Lo mantendrá alerta, lo hará tropezar; incluso, querrá quemarlo, pero, aun así, lo ayudará a centrarse y empoderarse de una manera única. Solo usted puede retornar a su ser auténtico. Este libro lo guía y lo acompaña para recuperar a su poder.

Will Van Inwagen
Co-Fundador
Being In Systems LLC
Fundador: Enlivening Edge Community Conversations

Ustedes preguntan: ¿He sentido un evento de esos que te cambian la vida, como si el mundo hubiese desaparecido debajo de mis pies? ¿Estoy asustado, ansioso, tenso? ¿Estoy sintiendo la incertidumbre y la impotencia de recobrar el sentido o de identificar el camino hacia adelante?

Oh, Dios mío, ¿cómo sabían? (Ustedes sabían, ¿no es cierto?). Este terrible virus y el cierre total de la economía han hecho que mi mundo desapareciera por completo. Estoy asustado y no puedo realmente ver cuál es el camino hacia adelante, y estoy seguro de que eso es verdad para la mayoría de nosotros.

Hay dos opciones. Podemos tener la esperanza de que alguien revierta la situación actual o podemos hacerlo nosotros, para nosotros, para nuestros afectos y nuestras comunidades. Elijo la segunda: ¡hacerlo por mi propia cuenta, para mí y para mis afectos!

Lo que han creado es una hoja de ruta de autoindagación para trascender el desafío monumental que representa el coronavirus.

Es comprensivo, honesto, relevante y lleno de buenas ideas y de acertadas revelaciones. Es claro que no volveremos a hacer todo como antes. Para revitalizar el futuro, tenemos mucho para cambiar. Gracias por explicar cómo comenzar.

Laurence Haughton
Líder de I & D
Jason Jennings
Co-Autor: *The Highspeed Company*

No puedo imaginar a nadie que viva sin experimentar algún apocalipsis personal. He atravesado unos cuantos, y este es el libro que me hubiera gustado leer antes de tener el primero. Si lo hubiera hecho, no habría sufrido tantos.

Si usted ha vivido un apocalipsis personal, léalo para prepararse para el siguiente. Si está atravesando uno ahora, léalo para salir adelante. Y si no ha tenido ninguno, léalo antes de que eso ocurra. La vida se trata de prueba y aprendizaje, y lo que aprenderá en el libro, seguramente, le servirá ahora y en el futuro.

Gene Bellinger
Fundador
System Thinking World
Autor: *Beyond Connecting the Dots*

Comenzando por un título muy motivador, los autores reflexionan sobre el apocalipsis personal, y lo definen como un evento que nos sucede y que es experimentado como devastador.

¿Quién no ha tenido un apocalipsis en su propia vida? El libro nos inspira a reflexionar profundamente desde el autoconocimiento, sin casos ni recetas.

Hay allí muchas experiencias y señales que sirven para iluminar nuestro sendero de transformación, luego del impacto de una situación que produjo un apocalipsis personal.

Encuentro este libro muy estimulante y un poderoso material de lectura.

José Luis Roces
Exrector
Instituto Tecnológico de Buenos Aires

Primero deben saber que me encantó lo que han escrito. Siendo una persona de 73 años que ha gestionado una imprenta durante treinta años y que formó a diseñadores durante diez, comparto con ustedes que he atravesado por un par de traumas muy serios. Les escribo como alguien que sabe de lo que está hablando porque lo ha vivido. Hubiera querido contar con este libro veinte años atrás.

Michael Josefowicz
Co-Founder
PrinterNet, and
Center for Global Study of Social Enterprise

Este libro llega en el momento más apropiado. Cada uno de nosotros necesita dominar el arte de trascender lo impredecible, especialmente, en los tiempos que estamos viviendo.

La llave maestra de la puerta de la libertad consiste en entender cómo soltarnos de las cadenas del pensamiento automático cuando nos encontramos frente a un evento que nos puede cambiar la vida. Este libro ofrece una hoja de ruta práctica para hacer precisamente eso.

Juan Matías Fernández Larghi
Director Ejecutivo
Inversora Altue

Trascender el Apocalipsis Personal es un material cautivante que leí sin interrupción. Encontré el libro de lectura fácil, pese a que la sugerencia subyacente de autoindagación requiere de la participación del lector y, a veces, del apoyo de un profesional.

Este libro le quita el misterio a eventos que pueden cambiarle la vida, y le presenta una variedad de elecciones. Me ha hecho recordar varias fases que he atravesado, sin poder evitar asentir con la cabeza mientras lo leía.

Amaranatho Maurice Roby
Fundador: Mindfulness out of the box
Creador: Playfulmonk Coaching

Para cualquiera que haya experimentado un evento traumático como la pérdida de un trabajo, una grave enfermedad, un divorcio o alguna situación desafiante, Trascender el Apocalipsis Personal es de lectura obligatoria. Este libro lo guía por un viaje poderoso de reflexión y revelación sobre los asuntos individuales y sociales, que son el corazón de estas situaciones dolorosas y que, en una última instancia, nos transforman.

Describiendo maneras de separar la desbordante energía emocional de la misma experiencia, este libro lo ayuda a trabajar y a percibir estos eventos desde un lugar de claridad, y lo reconecta con su poder y potencial interior. ¡Muy inspirador!

Sharron Rose
Presidente
Sacred Mysteries Productions
Autor: *The Path of the Priestess*

Me siento particularmente tocada por la compasión que se expresa entrelíneas en el libro. Este es un regalo precioso para mucha gente que vive en un mundo complejo. He tenido mi apocalipsis personal, y estoy segura que todos los tuvimos o tendremos.

Lo que fascina de este libro son los mensajes claros y limpios desde un lugar emergente y generativo. Nos muestra un camino para conectar con nuestra sabiduría interna y reconocer: que siempre podemos elegir y que somos la fuente de luz y sabiduría.

Chunfeng "Breeze" Dong
Gerente del Programa Global de Aprendizaje de Liderazgo
ABB Switzerland AG

Bueno, aquí estamos, justamente, entrando en una crisis global de gran magnitud, y muchos de nosotros estamos sufriendo apocalipsis individuales y colectivos (por el impacto del Covid-19), y, con una perfecta sincronía, Douglas y Fabián vienen con unas muy bienvenidas y sabias palabras a guiarnos mientras buscamos una base más firme de fuerza y convicción.

Seguramente, este libro nos ayudará a mantener el equilibrio mientras navegamos el contexto turbulento en el que estamos entrando. El consejo que nos brindan los autores es relevante y alentador. Lea este libro, llévelo al corazón y póngalo en práctica.

Langdon Morris
CEO
InnovationLabs

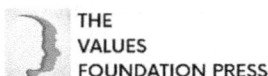

Primera Edición
Publicada el 24 de junio de 2021
Douglas Breitbart y Fabián Szulanski
TheValuesFoundation.org
+1 551 804 7251

THE
VALUES
FOUNDATION PRESS

Bridgman, Michigan, Estados Unidos de Norteamérica
Junio, 2021

ISBN: 978-1-7351576-3-4

TRASCENDER EL APOCALIPSIS PERSONAL

Reemplaza tus creencias, revitaliza tu futuro

Douglas Breitbart y Fabián Szulanski

THE
VALUES
FOUNDATION PRESS

Índice

RECONOCIMIENTO

Quisiéramos agradecer a toda la gente que nos brindó su colaboración. Sin su ayuda, este libro no podría haberse escrito.

En primer lugar, a nuestras socias en la vida, quienes siempre han estado allí en nuestros trayectos individuales y brindaron su fe, su creencia y su apoyo emocional, Cheryl Breitbart y Andreína Sayag: ¡muchas gracias!

En segundo lugar, a los brillantes autores, responsables de los libros que hemos incluido en el Apéndice. Ellos han provisto muchas piezas críticas del rompecabezas de lo que significa *ser humano*. Su trabajo ha provisto claridad y ha probado ser esencial para nosotros y para millones de lectores del mundo entero.

Por último, a quienes nos han brindado su esfuerzo desinteresado y colaboraron, generosamente, con su retroalimentación, comentarios, críticas, correcciones y talentos de edición: Anna Harris, Amaranatho Maurice Robey, Michael Josefowicz, Dave Wolf, Tammy Lea Meyer, Harry van de Velde, Gene Bellinger, Barry Kort, Lori Sortino, Rachel Aharon-Eini, Will Van Inwagen, Brenda Bitman, Jorge Feldman, Alejandro Poleri y Juan Matías Fernández Larghi, Chunfeng "Breeze" Dong, Langdon Morris, Alexander Laszlo, Sharron Rose, Hayden Smith, Martín Yechúa, Laurence Haughton, and José Luis Roces.

PRÓLOGO

Como orgullosos Baby Boomers, de dos países y culturas diferentes, y con unos cuántos sombreros y carreras diferentes en nuestras trayectorias, hemos notado que nosotros y muchos de nuestros amigos, colegas y conocidos compartían un tipo de experiencia similar.

Dicha experiencia surge tras haber confrontado un evento profundamente disruptivo, a partir del cual la recuperación se nos escurre por entre los dedos a pesar de los mejores esfuerzos que uno realice.

Hemos acuñado el término Apocalipsis Personal (AP) para describir un evento vital que se experimenta como devastador y catastrófico. Sin embargo, el impacto es, por lo general, invisible para las demás personas.

Vemos a mucha gente luchar con las secuelas del AP en su vida actual. Los efectos del AP pueden ser emocionales, físicos, espirituales, cognitivos, de comportamiento, circunstanciales y sensoriales.

Al explorar los impactos de su AP, la persona afectada puede estar comprometida y sentirse energizada para abordar lo que ha ocurrido. Aun así, su mejor esfuerzo y los intentos para recuperarse fallan persistentemente.

Por esta razón, hemos buscado explicar los eventos más comunes, los impactos experienciales en la conciencia individual y en la efectividad, y las causas de la frustración crónica que puede surgir al no obtener el resultado que se espera. También hemos buscado indagar y compartir nuestra postura sobre aquellas experiencias desde la perspectiva de un lector bloqueado en una vida post AP.

Nuestra meta es ayudar a quienes estén luchando con los desafíos post AP para que encuentren el sentido de sus vidas, analicen y replanteen sus trayectos de aquí en más. Este libro no intenta ser una lista de ítems a ser verificados de manera prescriptiva, como tampoco una receta para saber cómo recuperarse de un AP. Lo que compartimos se basa en descubrimientos (propios o ajenos) sobre el porqué subyacente a lo que no está funcionando en nuestras vidas, en el contexto de un AP.

Al ir separando las capas de la cebolla, reconocemos que el lector se puede identificar con alguna de ellas o con ninguna. Sin embargo, esperamos que este pueda llevarse elementos valiosos que le sirvan como un pasaje a través del cual pueda emerger una nueva conciencia.

¿HAS EXPERIMENTADO UN AP?

¿Has experimentado alguna vez un evento vital significativo, que pudiste controlar o no, que te dejó una sensación tal como si el mundo se hubiese disuelto bajo tus pies? ¿Te ha dejado esta experiencia sin puntos de referencia o sin medios para enfrentar tu nueva realidad de manera sustentable?

¿Has experimentado o estás experimentando la sensación de estar perdido, impotente, ansioso o temeroso? ¿Sientes la frustrante incapacidad de comprender el sentido de tu vida o de ver un camino hacia adelante?

¿Te has encontrado a ti mismo volviendo repetidamente a las mismas estrategias o soluciones inefectivas con la esperanza de que funcionarían alguna vez?

Si has respondido que sí a alguna o a todas esas preguntas, entonces es muy probable que hayas experimentado un AP.

¿Qué es un AP?

Muchos de nosotros experimentamos épocas o momentos en nuestras vidas en las que todo lo que sabemos y en lo que creemos se desvanece delante de nuestros ojos. Esto puede suceder de manera repentina, en el caso de una crisis de salud personal o de un accidente automovilístico, o en un lapso de tiempo, como el caso de un despido inminente o con la pérdida de un ser querido.

Podemos experimentar muchos eventos vitales con un impacto apocalíptico. Algunos están bajo control, y otros fuera de control. Algunos tienen que ver con el trabajo; otros, con la familia o las relaciones interpersonales. Algunos, simplemente, son el resultado de estar en el lugar y tiempo inadecuados. Algunos pueden ser el resultado de un desastre natural o de nuestras propias elecciones y acciones.

Un *apocalipsis*, en general, es un evento que implica disrupción, destrucción o daño en una escala asombrosa o catastrófica. Lo que nos hace percibir un evento al nivel de un AP es la sensación de que la vida y el sistema de creencias se sacuden por completo. No se trata de la magnitud del evento en sí mismo, sino del impacto desde lo emocional, lo cognitivo y las experiencias vivenciadas en carne propia. Así se determina si se eleva o no a la categoría de un AP.

Lo que constituye un AP para una persona, puede no ser un AP para otra.

Un Apocalipsis Personal
no se define por el evento en sí,
sino por su impacto
en la experiencia de la persona.

La siguiente lista ofrece algunos ejemplos de eventos que podrían llegar a ser experimentados como un AP.

Trabajo

- Empleados
    - Despido con o sin causa
    - Colapso del empleador
- Independientes
    - Pérdida de clientes o demanda del mercado
    - Obsolescencia de la experiencia o del conjunto de habilidades
    - Ausencia del conocimiento y capacidades requeridas

Vida Personal

- Crisis Personales
    - Muerte de algún ser querido
    - Divorcio
    - Quedarse sin hogar
    - Bancarrota

- Crisis de salud
- Crisis espiritual
- Crisis de identidad
- Crisis económica
- Síndrome del nido vacío

- Accidentes
  - Automovilísticos
  - Lesiones físicas
    - Asaltos
    - Maquinaria
    - Armas
    - Deportivas

- Aislamiento Social
  - Circunstanciales
    - Detención
    - Encarcelamiento
    - Por discapacidad
    - Eliminado de comunidades en línea
    - Eliminado de redes sociales
  - Geográficos
    - Vivir en zonas remotas
    - Deportación
    - Migración forzada
    - Inmigración
  - Tecnológicos
    - Acceso bloqueado o limitado a Internet
    - Equipos informáticos deficientes

- Discriminatorios
  - Género
  - Origen étnico
  - Fe
  - Identidad de género
  - Aspecto
  - Discapacidad
  - Orientación política
- Consecuencias de elecciones y acciones fallidas
  - Inversiones
  - Socios
  - Amigos
  - Clientes

Desastres

- Naturales
  - Pandemia
  - Inundación
  - Incendio
  - Terremoto
  - Tsunami
  - Erupción de Volcán
  - Tormenta

- Provocados por humanos
  - Colapso político
  - Colapso económico
  - Desintegración social
  - Falla tecnológica

- Desorden civil
- Conflicto militar

AP versus otros eventos vitales significativos

Hay muchos eventos vitales transformadores que pueden llevar con ellos la sensación de una profunda pérdida o de un miedo significativo, pero que no llegan a la categoría de un AP.

Para algunos, el nacimiento del primer hijo o la expectativa previa al casamiento pueden provocar una gran ansiedad. Sin embargo, es poco probable que sean experimentados como altamente disruptivos.

Un AP involucra una pérdida significativa en lo psicológico, lo físico o lo circunstancial. También tenderá a desencadenar miedo como respuesta inmediata e inintencionada.

Los eventos que disparan el AP son, frecuentemente, inesperados. Aun si sabes que corres el riesgo de ser despedido, el momento preciso en el que recibes la notificación queda fuera de tu control. En otras palabras, los eventos que conducen a un AP pueden ser repentinos y llegar sin advertencia, o pueden ser internalizados en un período más largo, sin desencadenar ningún intento de anulación.

Un ejemplo puede ser el de un tsunami que se distingue en el horizonte. La gente puede quedarse parada y mirando, sin reconocer el peligro hasta que la ola está sobre ellos. El momento de la verdad es algo que desafía cualquier intento de prepararse o de esquivarlo.

Tal como sucede con la ausencia de sincronización del evento con su respuesta, la magnitud de la reacción frente a un evento apocalíptico puede ser imprevista e impredecible.

Este libro puede no resultar de ayuda para alguien en medio de un evento apocalíptico. Tampoco podría ser valioso para quienes se encuentren en un estado avanzado en la recuperación de un evento de ese tipo.

Este libro es útil para aquellos que, ahora, se encuentren en el comienzo de la experimentación de un AP, pero perciben que es un desafío ponerse en acción para revitalizar su futuro.

El impacto de un AP

Cada uno de nosotros tiene su propio sistema operativo para vivenciar experiencias. La vulnerabilidad de ese sistema operativo ante un colapso también es único para cada uno. El umbral a partir del cual un AP afecta profunda y personalmente es así de único.

La magnitud de la reacción a un evento apocalíptico puede ser inmediata o diferida, consciente o inconsciente, debilitante o no, desensibilizante o de pesadilla, episódico o recurrente. El común denominador es que esas experiencias no están bajo nuestro control; y que pueden desafiar cualquier esfuerzo por controlar o resistir sus efectos.

Los casos extremos están más allá del alcance de este libro: por ejemplo, quienes hayan sido diagnosticados con desorden de estrés postraumático (DSPT).

La razón para calificar las consecuencias extremas como fuera de nuestro alcance es que quienes padecen enfermedades o trastornos mentales invalidantes pueden, en esos momentos, no tener la capacidad de involucrarse en un proceso de reconstrucción vital hasta no haber superado el trauma del evento apocalíptico con ayuda profesional.

Para un gran número de personas que atraviesan un AP, los efectos son internalizados en cada uno, pero son invisibles para quienes los rodean. Alguien que vive la experiencia de un AP puede reaccionar tanto desde un lugar de aceptación como de negación. Aquellos a su alrededor pueden reaccionar desde un lugar de reconocimiento y cuidado, o de negación y crítica. Este último exacerba los impactos del post AP.

Sin importar la magnitud del impacto, puede ser valioso buscar consejos y apoyo en los demás. Puede provenir de amigos, familiares, profesionales, consejeros religiosos, comunidades de apoyo entre pares, libros, cursos, talleres u otro tipo de iniciativas.

Valerse de estos recursos no conlleva ningún juicio de valor ni estigma. El impacto real de un AP en la vida de una persona no es menos significativo que cualquier otro que haya emergido en otros momentos.

No dudamos en llamar a un doctor, a un plomero o electricista cuando se lo necesita. Es un hábito instintivo. Sin embargo, al emerger un AP, la reacción instintiva es la de criticarnos o avergonzarnos de nosotros mismos, y resistirnos a acudir a otros por ayuda.

La respuesta natural post AP

La respuesta natural a un AP puede ser experimentar un importante nivel de estrés, miedo y desorientación, frecuentemente acompañado por una sensación desgastante de impotencia y aislamiento.

En la cultura de hoy, el valor y la identidad están inseparablemente vinculados con la productividad, con la consecución de resultados tangibles y con los logros. Experimentar la pérdida de un trabajo o la obsolescencia de nuestra profesión o nuestras capacidades puede sentirse tan devastador como perder nuestro hogar en un desastre natural.

Las pérdidas personales —por ejemplo, de un cónyuge, sea por un accidente o por un problema de salud— pueden golpear en el corazón de nuestras creencias en cuanto a la autovaloración, identidad, confianza, habilidades, y en el entendimiento de nuestro lugar en el mundo.

El impacto puede empeorar por juicios propios o ajenos: por haber fallado, por inadecuación o por responsabilidad directa. Solemos culparnos no solo por lo que sucedió y por las consecuencias relacionadas, sino, además, por la imposibilidad de evitar la situación o no haberla sobrellevado con éxito.

Muchas culturas le otorgan gran valor a *lucir bien*. Esto puede expresarse a través de nuestra apariencia, nuestras posesiones, nuestro estatus social o nuestras actividades. Intentar sostener las expectativas ajenas puede amplificar la crisis emocional causada por un AP.

Las presiones socioculturales y las expectativas de quienes nos rodean, tanto reales como imaginadas, pueden aumentar la presión, puesto que, en esos casos, muchos intentan mantener la apariencia de normalidad y de éxito. Cada contexto —laboral, familiar, el de nuestros contactos o conexiones, el de clubes sociales o el de instituciones religiosas— posee su conjunto único de expectativas y demandas.

Mantener una fachada creíble y exitosa post AP es una pesada carga y un consumo de tiempo y de atención que necesitamos de manera crítica para abordar desafíos inmediatos. Consume nuestra fuerza y resiliencia, tanto física como emocional, mental y espiritual.

El efecto de la presión social disminuye las capacidades de autorreflexión y de procesamiento de los efectos emocionales y espirituales. Alentar a la acción, en vez de dar apoyo al tiempo de aflicción y procesamiento necesario, refuerza la influencia e impacto del AP.

Otro ejemplo de efectos en nuestro juicio puede ser la percepción distorsionada que resulta de una capacidad de respuesta exagerada o disminuida ante situaciones nuevas. Todo puede afectarse, desde la propia capacidad de escucha y de comprensión, hasta cómo respondemos e interactuamos con los demás, conduciendo a un entendimiento insensible o inapropiado, que puede generar acciones perjudiciales o destructivas, y consecuencias no deseadas.

En el medio de una experiencia post AP, ya sea plena, inmediatamente después del evento, o como un lento desarrollo a través del tiempo, se espera que resurjamos de nuestras cenizas, mejoremos y que encontremos la claridad, fortaleza y habilidad para triunfar y lograr una recuperación milagrosa.

Abundan las leyendas de aquellos que han superado los más horrorosos traumas, con logros y éxitos heroicos. Esas historias pueden ser la fuente de una poderosa inspiración y motivación.

Existe un viejo adagio que dice: "Si comparas tu interior con el exterior de alguien más, siempre perderás". Bajo la influencia de un AP, la tendencia de compararse con los demás puede amplificarse y exagerarse, y profundizar el autojuzgamiento y la autocrítica.

Esto se refuerza mediante la focalización en lo que era antes del AP y lo que se ha perdido. Esto conduce a la desviación de la energía y de los recursos necesarios para responder a las circunstancias actuales. Vivir con los ojos pegados al espejo retrovisor no hace más que reforzar la presión del AP.

Cuando ponemos foco en el pasado, el futuro se tiñe con la historia del AP que construimos para nosotros mismos. Muchas oportunidades y posibilidades desaparecen por miedos y creencias infundadas, tales como *Soy muy viejo para emprender esto*, *No puedo aprender a mi edad* o *Es demasiado tarde para mí, como para comenzar todo de nuevo*.

En sus marcas, ya, listos

El primer instinto al experimentar un AP es buscar algo, *cualquier cosa* que pueda proveer la salvación inmediata a los desafíos circunstanciales que estamos enfrentando.

Abundan las ofertas y recursos, con iniciativas, servicios, consejos, entrenamientos, elíxires, dietas, caminos a la riqueza o al despertar espiritual, grupos de apoyo, talleres. Todos ellos, prometiendo una cura.

La tentación es la de agarrar la primera cosa a nuestro alcance, como un salvavidas que se le arroja a una persona que se está ahogando. Es entendible, dadas las circunstancias.

El que sigue es un típico ejemplo de cómo un AP puede llegar a agotarte:

Con el pleno compromiso y deseo de reparar lo que te aflige, te pones de pie, sacudes el polvo de tu ropa y te concentras en una de las elecciones. Te arremangas y pones todas tus fuerzas en activar esa elección de inmediato.

Luego, cuando no ves resultados tangibles, cambias a otra solución rápida alternativa: te inscribes en algún programa de capacitación, comienzas un negocio en la Internet, para solo volver a encontrarte con el canto de los grillos. Inviertes tiempo, atención y recursos, y te das cuenta de que este es otro pozo seco más.

Entonces, decides cambiar de dirección y buscar la guía de un líder en el campo del crecimiento y desarrollo personal, o aprender una destreza nueva. Después de varias presentaciones y talleres, y el obediente compromiso con las listas de chequeo y los manuales de trabajo, finalmente, desarrollas e implementas un plan. Dos meses más tarde, aún no cuentas con un resultado tangible.

Se te hace claro que el plan no está funcionando, y, sin la intención de abandonar, regresas a tu primer intento con nuevos bríos. El ciclo comienza otra vez.

Este ejemplo refleja la activación de un patrón de comportamiento *en sus marcas, ya, listos*, en vez de tomarse el tiempo para evaluar y analizar los riesgos potenciales asociados a las decisiones que se están tomando. Las decisiones basadas en la urgencia, que escalan a una situación de *luchar* o *huir*, son menos probables de ser racionales y presentan más posibilidades de fallar.

Dentro del marco de inseguridad y con la pérdida de la autoconfianza característica del post AP, cualquiera es susceptible de percibir disminuidas sus competencias y capacidades. La tasa de cambio en el mundo continúa acelerándose, e intensifica la sensación de insuficiencia en lo personal. Esto causa que muchas alternativas posibles se vuelvan obsoletas e irrelevantes tan pronto como se eligen. Si el blanco se aleja continuamente, ¿cómo es posible acertar en él?

El miedo y el AP

En el estado de percepción post AP, todo juicio, discernimiento y toma de decisiones puede distorsionarse y estrecharse por el miedo. Esta contracción se enraíza en la urgencia por sobrevivir.

Será desde un estado mental comprometido y dañado, bien profundo dentro de nuestro cerebro reptiliano (la parte de *pelear* o *huir*), que se formarán las estrategias, creencias y conclusiones que controlarán todas nuestras elecciones y acciones siguientes.

Este es el momento cuando, de manera inconsciente, decidimos lo que es y no es posible, lo que está o no está disponible, lo que es o no es realizable, y lo que es o no es accesible para nosotros. Estas decisiones se convierten en anclas que fijarán y enmarcarán nuestra visión del mundo y de nuestra vida de ahí en más.

Reconocemos que, en este momento post AP, es cuando nace una poderosa colección de miedos, creencias, presunciones y elecciones. Estas creencias internalizadas pueden producir sufrimiento, desde la fuente emocional desde la que surgen: el miedo y la escasez.

Las creencias e historias creadas en el horno de la crisis personal definirán y restringirán inconscientemente el universo de posibilidades de ahí en adelante.

Sin embargo, estas creencias e historias no están enraizadas en realidades, verdades o circunstancias objetivas. Están teñidas por lo experimentado y son creadas de manera subjetiva. Si pudieses cambiar el marco, la lente y los filtros, lo percibido cambiaría en consecuencia.

En el estado post AP, el juicio es el filtro más poderoso de todos para oscurecer y distorsionar la habilidad de ver o aun concebir las ilimitadas elecciones y posibilidades disponibles.

La confusión de nuestra identidad con los resultados puede ser otro subproducto de nuestros juicios. Uno podría pensar: *Si alcanzo el éxito, entonces soy exitoso como ser humano. Si no lo alcanzo, entonces soy un fracaso como ser humano.* Esta narrativa, culturalmente extendida, retrotrae a las personas a los paradigmas de la niñez y de la educación temprana.

No somos iguales a nuestros resultados, a nuestros ingresos ni a nuestros logros. En primer lugar, somos seres humanos; en segundo lugar, elegimos invertir tiempo y atención al servicio de crear o alcanzar esos resultados. Ni la identidad ni el valor de un ser humano se definen por sus logros.

Luego de un período extendido de intentos fallidos en el recorrido hacia la autosustentabilidad, otra respuesta común ante un AP es perder la confianza en nosotros mismos. Es más, en esos casos también dejamos de creer en las capacidades y habilidades de las que nos valíamos antes del evento apocalíptico.

Tomemos el ejemplo de cuando alguien es despedido de un puesto de trabajo que se elimina debido al avance tecnológico. El hecho de que el contexto en el cual nuestro conocimiento, talento y capacidades eran empleados pueda haber desaparecido, no significa que los haya perdido el *yo* que poseía esos atributos.

Entre miedos y ansiedades recién horneados, se conforman nuevas creencias y narrativas originadas en la escasez, la pérdida de la identidad y de la confianza. También conllevan una pérdida de ímpetu, de energía vital o de foco, incluso, en relación a las tareas más básicas de la vida cotidiana. Imagínate cómo te resta impulso para el desafío de reconstruirte.

Autoconciencia post AP

Podrías plantear lo siguiente: *¿Cómo me doy cuenta de que estoy atrapado por los efectos post AP?* Hay algunas preguntas fundamentales que uno podría formularse, que pretenden explorar la fría y cruda verdad, e ir a lo esencial. Las respuestas revelan la verdad de nuestras circunstancias actuales y la efectividad para tratar con ellas, vistas a través de una lente orientada a resultados.

Estas no son indagaciones profundas acerca de la naturaleza del tiempo, del espacio ni mi lugar en el Universo. Estas son preguntas del tipo de las que un bien intencionado mejor amigo, socio o esposa podrían preguntar interviniendo en un momento más alejado del AP.

En el frente laboral:

- ¿Hace cuánto tiempo que estoy sin un empleo redituable o que no me pagan apropiadamente por mi tiempo o mi trabajo?

- ¿Cuántos programas o entrenamientos he seguido desde el AP, que luego haya recuperado la inversión de manera exitosa?

- ¿Cuántas veces he aportado mi tiempo, trabajo, o dinero a proyectos o emprendimientos propios o de terceros, que no fueron rentables?

En el frente personal:

- ¿Cuántos programas, talleres de crecimiento y desarrollo personal, o libros de autoayuda he comprado en vano desde que sentí que el piso desapareció bajo mis pies?

- ¿Cuántos lazos con mi familia, amigos, pareja o socios se han perdido, dañado o están actualmente en riesgo?

- ¿Cuántos cambios adversos han ocurrido en mi hogar, en mis finanzas, en los objetos que poseo, en mi perfil comunitario, en mi identidad personal o en mi vida social?

Las respuestas, cuando se las separa de las excusas y de las justificaciones, representan los verdaderos resultados de tus esfuerzos, la verdad de tu realidad actual en un tecnicolor sin distorsión.

La pregunta no es qué hemos hecho, qué estamos considerando actualmente o estamos pensando hacer en el futuro. La pregunta es si el *yo* que está haciendo estas elecciones está atrapado en un ciclo de resultados fallidos y expectativas derrotadas. Si es así, es muy probable que estés sufriendo de efectos post AP.

Si este es tu caso, entonces tenemos algunas ideas para desarrollar que podrían orientarte para recorrer el camino e ir más allá de tu AP. Nuestra esperanza es ayudarte con tu autoconocimiento, a que retomes el control sobre tu vida; y en última instancia, ayudarte a trascender los efectos del AP.

§

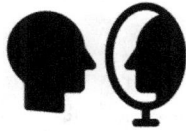

INTROSPECCIÓN VERDADERA

Todos conocen esta cita: "La definición de insania es hacer la misma cosa una y otra vez, y esperar un resultado diferente".

Dentro de la mentalidad del AP, nos enloquecemos por dar lo mejor de nosotros para revertir las cosas, solo para encontrarnos recorriendo siempre un mismo ciclo.

En el campo distorsivo del AP, todos los recursos, la racionalidad y la creatividad trabajan a máxima velocidad. El problema es que el verdadero rumbo que nos llevaría al destino deseado ha sido reemplazado por un espejismo que desaparece al llegar.

Ese espejismo es autogenerado y hace que los efectos del AP se autosustenten. Está corporizado en las historias que nos contamos a nosotros mismos y a los demás: *Esta vez es distinto a lo anterior* y *Esta vez funcionará*.

Así, quedamos atrapados en una historia no generativa e improductiva, donde los nombres y rostros de los personajes cambian, pero la trama y el resultado son los mismos.

El desafío es: ¿cómo frenar una ilusión y la distorsión de la visión y del juicio, cuando uno mismo es quien la crea y la experimenta?

Si existe la certeza sobre lo que sentimos y pensamos, cuestionar esas percepciones puede parecer impensable. Solo luego de que el Titanic se hundió, su diseñador se dio cuenta de que no era a prueba de *icebergs* ni inhundible.

Luego de que el décimo, el vigésimo, el trigésimo currículum enviado no generó respuesta alguna, podría ser el momento de buscar una opinión experta que nos explique por qué estamos fallando. Pedir ayuda o guía puede manifestar nuestra valentía.

¿Qué puede estar contribuyendo a crear un patrón de fracasos y expectativas derrotadas, después del tercer intento fallido de emprender un propio negocio?

Antes de regresar al campo de batalla, se necesita reconocer los efectos del AP sobre cómo piensas y te comportas. Esto significa cuestionar, ampliamente, tus pensamientos, tus sentimientos, tus creencias y tus acciones. No solo se trata de qué hacer después y cómo hacerlo, sino del *yo* que está preguntando.

En un nivel más profundo, explorar lo que pueda residir en nuestros deseos y en nuestro corazón, que haya sido ignorado o descartado como elección, puede ser la llave para transformar creencias inducidas por el AP.

En lo emocional y espiritual, hay un conjunto de miedos, creencias y sombras inconscientes que pueden preceder al AP, que pueden ser desencadenados y exacerbados. La narrativa post AP puede ser autogenerada desde aquellos miedos anteriores.

Esos efectos están al servicio de estrechar nuestro campo de visión, limitan las opciones que uno puede ver y hasta tiñen los beneficios potenciales que percibimos como ganancias garantizadas.

Como cuando nos dan nuestra primera caja de crayones, si es la caja más grande, hay demasiados colores para elegir. Sin embargo, bajo los efectos post AP, quien reciba esa caja solo puede ver dos: blanco y negro.

Eliminar todas las actividades no productivas de nuestra agenda puede servir para crear el tiempo y el espacio para una verdadera introspección. El foco está en tu ser, en tus intenciones, en las metas, en los deseos y en el análisis y la evaluación de las opciones que, de verdad, ofrecen un claro camino para un futuro nuevo y mejorado.

Tu "quién" viene primero

El salirse de los patrones de comportamiento post AP implica cambiar cómo has estado pensando sobre ti mismo y tu situación. Esto implica un cambio de foco desde el *¿Qué hacer?* a *¿Quién soy?* y *¿Qué es lo que quiero?*

Responder con claridad la primera pregunta —*¿Quién soy?*— es un prerrequisito para llegar a la segunda pregunta —*¿Qué es lo que quiero?*—. Los comportamientos inducidos por el AP saltean ambas preguntas y se focalizan en *el hacer* cualquier cosa que pudiese brindar la salvación.

La clave es darte cuenta de que tú eres la fuente de las experiencias de tu vida, de las buenas, de las malas o de las feas. Reconocer y reconectar con tus poderes de autoría, propiedad y toma de decisiones es crítico para poder dejar de estar bajo los efectos de un AP.

Llegar a conocerte a ti mismo

Reconectarte con el poder y potencial generativo de tu interior para restaurar tu impulso vital requiere que te des la oportunidad de mirar dentro de ti.

Es más fácil decirlo que hacerlo. Mientras las voces en tu cabeza martillean miedos y creencias inducidas por el AP, la que grita más fuerte y durante más tiempo es la que gana tu atención y prioridad. También es posible que para algunos este grado de introspección no tenga precedentes.

Muchos de nosotros encontramos el camino vital, antes de la ocurrencia de un AP, como una secuencia no planeada de eventos: escuela, universidad, primer empleo, casamiento. Y no nos damos demasiado tiempo para abocarnos previamente a una introspección significativa.

Hay muchos otros cuyo camino vocacional parece haber sido predeterminado por la herencia de las generaciones anteriores, programadas desde la temprana infancia. Si alguien es la cuarta generación de bomberos o de profesionales en la familia, es probable que no haya hecho falta siquiera una pequeña introspección para encontrarse a sí mismo siguiendo la tradición familiar, ya sea vistiendo un traje de bombero o yendo a un aula a rendir un examen.

Otra faceta de conocerte a ti mismo, de manera consciente y plenamente incorporada, es reconocer la fuente desde la cual tus creencias, intenciones y elecciones se realizan. Tu contexto actual puede ser forjado con el calor y la presión de un AP, como sucede ante la pérdida de una oportunidad o por la evaporación de un destino predeterminado.

La fuente es siempre autogenerada y autosostenida. Identificar un AP como fuente es despertar tu autoconocimiento. Este despertar define si mantendrás o no esas creencias, las intenciones y las decisiones de aquí en adelante o si trazarás un nuevo camino.

§

SOLTARSE DE UN AP

Esta es la narrativa en el corazón de una vida post AP: *He experimentado un AP e inmediatamente me puse en acción; he definido un rumbo para remediar las pérdidas con una estrategia, solo para encontrarme con expectativas fallidas y resultados insatisfactorios luego de cada sucesivo intento.*

El desafío consiste en dar un paso fuera del marco de la experiencia actual. Dejar de estar bajo un AP, en los aspectos centrales —el psicológico, el emocional y el espiritual—, requiere de un marco de referencia diferente y de un cambio en tus creencias fundamentales. Lograr ese cambio requiere accionar de manera antiintuitiva.

Los siguientes capítulos buscan explorar los elementos de un enfoque para cambiar la orientación, la perspectiva y las creencias.

Para de cavar

El viejo adagio dice: "Si te encuentras en el fondo de un pozo oscuro y profundo, el primer paso para salir es dejar de cavar".

El mismo concepto aplica a las elecciones y patrones de comportamiento en el post AP. Nuestra sugerencia es que dejes de hacer lo que estés haciendo, inspires profundamente, y te des la oportunidad de reexaminar y reevaluar la situación.

Esto no significa tomarse una pausa, ponerse a meditar, ni separar en tu calendario algunas horas sin ningún compromiso o un fin de semana de reflexión. Parar significa *parar*. Cualesquiera sean las discusiones, presiones o compromisos que te estén manteniendo ocupado y conduzcan tus acciones, si aún no has generado el éxito, un resultado tangible o no has progresado, deberías frenar todos ellos por completo.

Podrías preguntarte: *¿Puede esto intensificar todos mis miedos, sensaciones y mi accionar reactivo, como también los de quienes están cerca de mí y me quieren, que vieron las secuelas de mi AP?* Absolutamente.

Sin embargo, el primer paso para soltarte consiste en resistir las influencias naturales del AP en tu vida. Es muy probable que quienes te rodean y estén asociados a tus hábitos o tus rutinas actuales hayan sido elegidos y posicionados por ti para mantener la estrategia post AP en funcionamiento.

Recuerda: tú los eliges para tu obra teatral, para alimentar y servir a tus miedos, creencias y narrativas post AP. Puede ser que no hayas hecho esto de manera consciente.

No tengas ninguna duda de que la selección de personas y proyectos en tu vida post AP está al servicio de una meta oculta: afirmar tus historias, miedos, creencias y limitaciones percibidas que nacieron al comenzar el AP.

Esta selección no implica necesariamente un cambio o reemplazo de personas en tu vida. Puede incluir mucha de la misma gente, contextos, relaciones y compromisos que existían antes del AP.

Con los efectos que derivaron del AP, la decisión de continuar con esas relaciones y obligaciones puede estar sesgada al servicio de alimentar la narrativa post AP, más que a tus mejores intereses mirando hacia adelante. No es inusual que tus relaciones y tu entorno previos exhiban cambios adversos como resultado de la influencia del AP.

Existen dos historias post AP. La que le cuentas a los demás es: *Voy a salir a [llena este espacio en blanco] para recuperarme y volver a ponerme de pie*; y la narrativa interna post AP: *He perdido todo, Soy incapaz de arreglar esto, Estoy muy viejo y muy cansado como para comenzar de nuevo*, que puede persistir y prevalecer, y comprometer todos tus intentos futuros de recuperación.

El primer desafío es el dejar de hacer aquello que ha estado generando resultados fallidos. La verdad subjetiva y a veces delirante de las personas que enfrentan sus circunstancias post AP es que, de alguna manera, sus necesidades básicas *están* cubiertas, pese a no generarse ningún resultado tangible.

El pensamiento que acompaña lo expresado en el párrafo anterior es que, si tomas tiempo del que dedicas a lo que estés haciendo, tus circunstancias actuales se verán afectadas a pesar de la real inefectividad de tus esfuerzos.

Parar te permite quitarte las gafas coloreadas, limpiar tu visión y liberar tu mente para reevaluar tu situación. La verdad empírica es que, si de alguna manera has logrado sobrevivir bajo la influencia de un AP, sin comprometer tus condiciones de vida, entonces continuarás sobreviviendo sin mayores cambios con la ausencia de compromisos y comportamientos no productivos.

El mandato ligado al *estar ocupado*, independiente de cualquier beneficio tangible o resultado, es parte del núcleo de estar atrapado dentro del marco de referencia de un post AP. Detener este carrusel, reevaluar y rever las opciones y las acciones puede ser experimentado como *no hacer nada*.

Esta distorsión se enraíza en el miedo y en la desorientación irracional que aparecen post AP. Para volver a la pista, necesitarás discernir lo que es racional y efectivo, de lo que es tangiblemente inefectivo y delirante.

Dejar ir la preocupación de cómo uno luce, en términos de querer aparecer frente a los demás como estando ocupado, es crítico para darse cuenta de la necesidad de crear el tiempo y el espacio para realizar un trabajo interno productivo. Detenerse significa terminar con el *statu quo* y cambiar hacia el procesamiento verdadero del lugar, sentimientos, creencias y percepciones propias del ser humano que atraviesa esta circunstancia.

No hay píldoras mágicas

Es común, luego de un AP, buscar la salvación a través de una oferta genérica, preempaquetada. Estas se diseñan y se mercadean para atraer a aquellos que sufren de desafíos post AP, y ofrecen, aparentemente, una solución abarcadora, en un solo paso.

El riesgo de buscar tu salvación a través de propuestas externas es que pueden aliviar los síntomas, siempre que sigas comprando, asistiendo o practicando. Sin embargo, es probable que no se aborde la causa subyacente.

También puede resultar en una situación donde algo menor es presentado como de suma importancia, donde se introducen agendas y motivaciones que están al servicio de los intereses de quienes las ofrecen y no de los tuyos.

Esto no sugiere que esos programas y ofertas externas sean intrínsecamente malos o sin valor. Más bien, enfatizamos la importancia de la comprensión, intención y discernimiento del comprador al recurrir a ellos.

Si estás buscando una píldora mágica, entonces estarás permitiéndole a la influencia del AP que te empuje hacia esas soluciones externas. Ten en cuenta que esto puede desviarte del trabajo interno necesario para transitar tu camino para soltarte del AP.

Si esas ofertas se utilizan para alcanzar un mayor autoconocimiento y comprensión de tus propios comportamientos, sesgos cognitivos, miedos y agendas ocultas provocadas por el AP, pueden aportar un valor significativo, y son potencialmente buenas herramientas con las que podrías trabajar internamente.

El mecanismo para trascender el malestar post AP necesita de tu propio diseño y construcción, basados en tus preferencias, valores y deseos. Para tener tu torta y también comértela, es importante que seas tú quien la prepare y la hornee.

Bajo los efectos del post AP, es fácil ser atraído e influenciado por esas aparentes soluciones externas, y terminar tratando síntomas, sin tratar la causa subyacente. Además, es muy probable que, inadvertidamente, incorpores una nueva adicción.

Los efectos colaterales de tratar los síntomas en vez de la causa pueden ser un incremento de la desesperación, fatiga y frustración. Esto puede aumentar el riesgo de profundizar la dependencia a ofertas externas, y también erosionar nuestra propia autodeterminación.

En el corazón de este asunto, se encuentra la posibilidad de perder el discernimiento y la capacidad de discriminación. Preguntas, como *¿Qué estoy buscando obtener?* y *¿Por qué encuentro esto interesante?*, pueden no llegar siquiera a formularse ni a responderse.

Alivio anestésico

La claridad mental para hacer preguntas puede escasear en una realidad mediada por un AP. Pueden prevalecer los hábitos y adicciones que nublan el entendimiento.

En la cultura actual, el alivio a través del consumo de medicamentos o sustancias —ya sea mediante remedios expendidos bajo receta, drogas recreativas, alcohol, sustancias ilegales, estimulantes o comportamientos compulsivos que generen endorfina— puede servir para enturbiar la autoconciencia y las sensaciones, y comprometer la claridad mental.

Buscar alivio por esos medios puede perpetuar los efectos derivados de un AP, amortiguar tus sentidos y embotar tus talentos.

Ciertamente, si te han prescripto medicación, no debe tomarse de manera discrecional y no debe ser cambiada ni interrumpida. Sin embargo, al consumir sustancias no prescriptas o al engancharte en comportamientos adictivos, con frecuencia no tienes la capacidad interna para tomar consciencia de tu propio estado mental ni tu ser en tu post AP.

No estás solo

El *dejar de cavar* es crítico en este contexto porque necesitas crear el tiempo, el espacio y los recursos para realizar un inventario personal, y cambies hacia un estado de alerta, consciente de lo que has estado haciendo, desviando o evitando.

La confrontación con tu ser, tu verdad y tu realidad puede ser una píldora extremadamente amarga para tragar. La meta es que no te juzgues ni te culpes sobre quién eres en este momento.

La meta es recuperar la claridad sobre qué pensar y qué hacer para trascender el AP, y qué información, revelaciones y comprensiones pueden ser usadas para avanzar.

Es importante recordar que tú te has llevado a ti mismo hasta este punto y has vivido para contar el cuento. Ahora tienes la oportunidad de cambiar el rumbo y avanzar.

Una de las mayores creencias generadas por el AP es que te sientes solo en esta lucha y que es un problema que debes resolver solo y sin apoyo de los demás. Este puede ser un efecto secundario del comportamiento relacionado al mandato de *lucir bien* mientras tu mundo se desmorona.

Esta creencia puede impactar en tu conciencia, tu percepción, y la habilidad de procesar señales que te envía gente que podría ayudarte. Algunos pueden ofrecerte activamente su ayuda. Otros pueden sentir dudas de dar ese paso a causa de la energía de autosuficiencia que estás proyectando.

Al recibir un ofrecimiento de ayuda, una respuesta típica podría ser: *Aprecio tu oferta, pero estoy bien y todo está en orden.* Aquellos que pudiesen estar esperando una muestra o señal tuya, luego de tu respuesta, podrían distanciarse y mostrarse menos sensibles o disponibles para ti. Es muy probable que aparezcan entonces señales de estar muy ocupados o desinteresados. También puede ser que, sin quererlo, tengas actitudes que amplifiquen la sensación de aislamiento, y que no captes cuándo alguien te ofrece ayuda.

Estar atascado en el estado postAP puede ser en realidad un equilibrio dinámico. Estás en constante movimiento tratando de mejorar tu situación y, a la vez, te están sobrepasando los efectos en tu identidad, en tu autoconfianza y en la realidad en la que vives. Esto equivale a dar un paso hacia adelante y luego dos hacia atrás.

La moraleja de esto es que existen muchas creencias limitantes que operan de modo inconsciente que sostienen la narrativa derivada del AP. Reconocer esas limitaciones te permite decidir qué dejar de hacer y cómo cambiar.

> *Es imposible limpiar tus gafas mientras sostienes las lentes con tus dedos.*
>
> Doug Breitbart

Crea una pizarra en blanco

Habiendo llegado hasta aquí, te habrás dado cuenta de que has experimentado un evento en tu vida que llegó al grado de un AP. Tal vez, has dado el primer paso hacia la expansión de tu autoconciencia.

Las metas son revelar y frenar las elecciones y acciones reflejas de la definición de tu futuro, y crear el espacio, el tiempo y la atención para inventariar y ajustar tus circunstancias actuales.

Prepararte y crear una pizarra en blanco para escudriñar la propia vida no es tarea fácil. Sin embargo, antes de poder renovar tu vida, los viejos accesorios deben quitarse, exponer el marco de pensamiento y revisar el inventario de lo que necesita reparación o reemplazo.

Restablecer el escenario y permitir la formulación del qué, dónde, cómo, cuándo y con quién quieres crear el próximo capítulo de tu vida es fundamental para superar el AP. La meta es restablecerlo de la manera más comprometida, autorrealizada y consciente posible de ahora en adelante.

§

Tú eres la fuente

Analicemos la pregunta ¿Dónde empiezo? Hay dos maneras de interpretar esta pregunta. Se puede interpretar el dónde empiezo como ¿Qué hago primero? ¿Dónde comienzo?; o se puede poner el foco en el yo, en términos de autoconciencia y de límites. Entonces, se interpretaría como ¿Dónde empiezo y termino, en relación conmigo mismo, con los demás y con el mundo que me rodea?

La respuesta a este interrogante es subjetiva. Dicho de otra forma, solo tu ser puede brindar una respuesta como autoridad última sobre tu propia vida y elecciones. Es el ser el que elige y pone todo de manifiesto en el escenario vital de una persona: lo bueno, lo malo y lo feo.

No significa que todos los AP estén bajo el control de quienes los experimenten para evitarlos o prevenirlos. Como dice la antigua expresión inglesa: Sh*t happens. John Lennon nos regaló una famosa frase, que aquí citamos: "La vida es aquello que te sucede mientras haces tus planes".

Ciertamente, nadie quiere ser víctima de un AP. Sin embargo, el momento de elección post AP —en términos de cómo elegimos responder y reaccionar— está bajo nuestro control y disposición absoluta.

El cuándo, dónde, cómo, por qué y con quién se realicen esas elecciones, puede ser el producto de decisiones conscientes, aunque no se tengan en claro las intenciones o motivaciones subyacentes.

En lo que se refiere a tu vida,
no existe mayor autoridad que tú.
Tú eliges cómo la vives, las decisiones que tomas,
las acciones que implementas y sus consecuencias.

Miedo o amor

¿Cuál es la fuente que subyace a mis elecciones, ya sean estas conscientes o inconscientes? Creemos, con el propósito de trascender los efectos del AP, que solo existen dos fuentes emocionales primarias a partir de las cuales se decide: amor o miedo.

Cuando revisamos las elecciones y sus consecuencias generadas en el transcurso de la vida, y profundizamos lo suficiente para identificar la fuente y núcleo subyacente de cada una de esas elecciones, descubriremos que se habrá partido desde el miedo o desde el amor.

Cuando el miedo es la raíz de una elección, generalmente, sus consecuencias refuerzan ese miedo. Así, se constituye la base sobre la cual los miedos y creencias inducidos por un AP son sostenidos en el tiempo.

Cuando el amor es la fuente, las elecciones y consecuencias se relacionan con la abundancia y con afirmaciones positivas. Hay una sensación de seguridad y de apertura a un universo de posibilidades.

Para trascender el pensamiento basado en el miedo, no tiene sentido usar una estrategia basada en el miedo. El primer desafío es desprenderse de él y de las creencias limitantes.

Estos miedos y creencias limitantes derivan su poder y efecto, y se manifiestan como pensamientos limitantes: Soy demasiado viejo, Estoy poco formado, Es demasiado tarde, No tengo la fuerza suficiente, No soy lo suficientemente bueno.

Estos pensamientos enraizados en el miedo definen las palabras y acciones de una persona, y pueden comandar la realidad que los afirma. Es imposible manifestar algo que crees que no se puede lograr.

Ya sea que pienses que puedes, o pienses que no puedes, estás en lo cierto.

Henry Ford

¿Cómo funciona?

En todo momento, nuestro potencial generativo está directamente relacionado con la manera en la que encuadramos los pensamientos, las palabras y las acciones. ¿Cómo funciona? ¿Cómo se interrelacionan nuestras creencias, pensamientos, palabras y acciones en el contexto de definir, expresar y crear una vida post AP?

El primer paso para crear la vida que queremos es tener una visión de esa vida. Es común que la gente enfrente la realidad personal no como producto de su propio accionar, sino como una circunstancia externa fuera de su control.

Las emociones generan las creencias, las creencias condicionan los pensamientos, los pensamientos conducen a las palabras, las palabras conducen a las acciones, y las acciones producen resultados. Este proceso creativo puede ser virtuoso o vicioso, según la fuente emocional de la cual se nutra.

Ordenar estos elementos, desde la creencia fuente hasta el resultado, puede ser desafiante en extremo.

La creencia genera un resultado que la reafirma, se queda a la espera de la siguiente iteración y opera como un patrón generativo que se refuerza en cualquiera de los dos sentidos.

Estos ciclos pueden operar desde el inconsciente, más allá de que el efecto sea virtuoso o catastrófico.

Acerca de las Creencias

La palabra creencia se enraíza en la idea de sostener algo querido, en alta estima o confianza. Otros significados involucran el cuidado, el deseo y el amor. Hacia la mitad del siglo xvi, se limitó su significado a la 'aceptación mental de alguna cosa como verdadera'.

En el contexto actual, una creencia es una verdad, que se sostiene y encarna en cada individuo, y define cómo la persona filtra la percepción de su realidad.

Una creencia es un entendimiento perceptual, creado y sostenido subjetivamente, sabiendo, además, que es el resultado de la necesidad, ante a un evento traumático, de racionalizar la causa tanto del evento en sí como de su respuesta emocional.

Al crear la narrativa, la creencia brinda una sensación de control y autoprotección. Cuando seamos confrontados a futuros eventos y a los miedos que se desencadenan, similares a los que ya experimentamos, sabremos en ese momento el qué, el por qué y el cómo transitar dicha experiencia. Si la creencia es fundacional y acerca de uno mismo, puede ser aplicada, en sentido amplio, a muchos eventos que la activen en el futuro.

La narrativa que subyace a cualquier creencia en particular puede ser verdadera o no en términos objetivos. Sin embargo, su efectividad no cambia si se basa en evidencias o no.

Cambia la creencia, cambia el resultado

Si deseas cambiar el resultado, probablemente debas comenzar enfocándote en el inicio del proceso y en los miedos y creencias que lo produjeron. El eliminar las limitaciones autoimpuestas y los miedos basados en la escasez, te permite generar y afirmar nuevas creencias sobre ti, tu vida, tus relaciones, tus habilidades, tus talentos, tus superpoderes y tu potencial.

Cuando examines tu actual estado de ánimo, deberás hacerlo con una plena conciencia de ti mismo y sostener el compromiso de hacer un inventario sin juicios de valor, sin filtros, fantasías, ilusiones ni autoengaños.

Existe una enorme variedad de ejercicios, herramientas y recursos disponibles en el mercado para asistirte en el proceso y en cómo podrías abordar la reconstrucción que sigue a este tipo de limpieza de la casa emocional y espiritual.

Sin embargo, sin tu pleno compromiso de llegar al fondo de la cuestión, inadvertidamente, podrías estar reforzando los argumentos para seguir bajo la influencia de los miedos y creencias post AP.

La clave para dejar de estar bajo los efectos del AP es el compromiso de realmente hacerse a uno mismo de una manera diferente a la de hasta ese momento. Nuestro superpoder innato es nuestra habilidad para hacernos cargo y cambiar nuestras creencias, eliminar al miedo de la ecuación y escribir una nueva historia para nuestras vidas.

Encuentra a los "malos" de tu inconsciente

Si las creencias basadas en el miedo están afectando tus pensamientos, entonces, debes desenraizar esos miedos y creencias limitantes para cambiar el resultado.

Una pregunta que surge con frecuencia es ¿Por qué seguiría yo "buscando" resultados fallidos? Claramente, nadie quiere fallar, y no importa cuán bien intencionado sea el esfuerzo en generarlos.

Para comprender por qué las fallas siguen ocurriendo, puede ser de ayuda cambiar la propia perspectiva desde la lente subjetiva actual hacia una visión racional tan objetiva como fuese posible. Si retiras los juicios y las culpas fuera de la ecuación, y te enfocas en la fuente y secuencia del proceso creativo que ha estado funcionando, podrás identificar los factores ocultos con mayor facilidad.

Estos factores pueden haberse enraizado mucho antes de que sucediera el AP. Es probable que el AP haya servido para desencadenar su reactivación. Podríamos trazar la siguiente analogía: nuestra psiquis funciona como una computadora, con nuestro sistema operativo que se escribe y aumenta su capacidad mientras fuimos procesando los nuevos datos que ingresan, que conforman las propias experiencias.

La mayor parte del sistema operativo se construye y codifica sin ser desafiado en relación a los datos que van ingresando.

Sin embargo, estimamos que alrededor del 15 % de las experiencias que desencadenan una respuesta emocional traumática son la base de las nuevas líneas de código basadas en el miedo, y se instalan en el sistema operativo como una creencia.

Esta creencia se activará más adelante cuando se presenten contextos y experiencias similares. Funciona como un programa que se instaló en nuestro sistema operativo cuando éramos muy jóvenes y, a lo largo del tiempo, opera en el fondo, sin que nos percatemos de ello.

Se van construyendo nuevas capas de código en el sistema operativo, y los programas nuevos, que se instalan sobre las capas de más abajo mientras vamos madurando, empujan el código fuente de miedos y creencias originales hacia lo más profundo en el inconsciente.

¿Cómo se relaciona todo esto con frenar las consecuencias desencadenadas por un AP? Si esas secciones del código del sistema operativo están funcionando de manera inconsciente, ¿cómo podría uno encontrarlas y reemplazarlas con un código nuevo?

Es evidente que no tenemos un botón de reinicio, que nos permita reconfigurar nuestras reacciones y elecciones. Lo que sí tenemos es una serie de resultados que hemos experimentado como repentinos e indeseables. No tenemos la menor idea de dónde, cómo y por qué las cosas salieron mal, pero reconocemos que así fue.

Entonces, comenzando por los resultados y trabajando de manera retrospectiva, es posible identificar la creencia fuente que los produjo.

Recuerda que siempre obtenemos exactamente lo que pedimos. Si aceptas que todos los resultados que experimentas son el producto de tu propia ingeniería, un resultado fallido puede servir para afirmar una creencia negativa o miedo instalado.

No estamos habituados a mirar a las cosas malas a través de una lente positiva. Sin embargo, puede ser valioso reconocer que una creencia negativa causó el resultado negativo. De este modo conseguiremos reafirmarnos.

Por ejemplo, si tu creencia es que no eres merecedor ni calificas para ser reconocido como una persona valiosa, es probable que evites los contextos y oportunidades donde eso ocurra. También puede ocurrir que le atribuyas el éxito a otros, al servicio de desviarte de la aceptación del aprecio o reconocimiento.

Cuando esto opera en el inconsciente, el resultado es que nunca recibes crédito por un trabajo bien hecho. Lo que piensas y expresas es: Ves, nunca obtengo crédito por mi trabajo.

Conectar ese resultado con las elecciones y acciones que se han realizado nunca es algo obvio. Sin entender cómo tus acciones conectan tus creencias con tus resultados, se garantizará que tus resultados no cambiarán jamás, independientemente de tus mejores esfuerzos para que el cambio suceda. La afirmación de una creencia inconsciente es a lo que nos referimos como una meta oculta.

Dejar sin examinar el cómo del resultado negativo, no explorar el modo en que se relacionó con tus pensamientos, palabras y acciones, sirve para preservar la creencia fuente inconsciente.

Explicitar la creencia fuente, te brinda la oportunidad de decidir si cambiarla o no. Tu propia verdad se refleja allí. Esa verdad, como una creencia incrustada, es el sistema operativo negativo que estás haciendo funcionar.

Examina el resultado fallido, analiza en el sentido inverso, ve hacia la creencia fuente que estás reafirmando, y podrás identificar y reemplazar las líneas de código negativas. Esta exploración podría beneficiarse si, además, buscas apoyo y consejos de otros.

Cambia tu creencia fuente, realinea los pensamientos, palabras y acciones derivadas de ella, y garantizarás que cambie el resultado cuando te enfrentes a contextos similares. Ver a los eventos y las circunstancias emergentes a través de esta lente de autoría y propiedad puede implicar reconectarte con tu propio poder personal.

Podrías decir:

**Tengo la habilidad de elegir
lo que yo creo, pienso, digo y hago;
y de asumir la responsabilidad
sobre los resultados que genero.**

¿Recuerdas la referencia anterior a la fuente de nuestras creencias? Ellas están arraigadas ya sea en el miedo y la escasez, o en el amor y la abundancia.

Aun cuando se originen en el miedo, una vez que una creencia se instala y opera, cada pensamiento, palabra y acción que luego realices, tendrá, como primer y mayor motivador, la afirmación de su propia validez.

Nuestras creencias negativas nacen circunstancialmente en los momentos que percibimos como de vida o muerte. El miedo aparece al percibir amenazas a nuestra supervivencia. La creencia que se forma lleva consigo ese nivel de convicción de vida o muerte.

Reemplazar una creencia basada en el miedo por una basada en el amor, que luego se autorreafirme, como experiencia, se parece más a un trasplante de corazón que a una extracción de amígdalas.

La parte reemplazada funcionó como núcleo de tu creencia, fue central para tu supervivencia hasta ese punto. Su cambio será experimentado, emocional y psicológicamente, como un evento mortal. Identificar y reconocer una creencia negativa que tienes sobre ti mismo en relación con el mundo, que ha sido reafirmada una y otra vez al lograr el mismo resultado adverso, se ubica en el corazón de los patrones de comportamiento del post AP.

Sabemos que una creencia negativa se vincula con una consecuencia o resultado negativo. También sabemos que, cuando se da una serie de resultados negativos, similares tanto en su contexto como en sus consecuencias, se está generando un patrón.

Dentro de ese patrón están los mismos pensamientos, palabras y acciones centrales que lo han generado. La pregunta que clama por ser formulada es: ¿cuál verdad o creencia sobre ti mismo has afirmado?

Si descartas la racionalización de que esta falla en particular fue única y diferente, te será más fácil reconocer la semejanza con los resultados previos que reafirman la misma creencia central. Se trata de reflejo de tu capacidad creativa para demostrar que tienes razón, a pesar de que esa realidad sea una creencia negativa acerca de ti mismo.

Es más, cuando las creencias son inconscientes, operan como generadoras de metas ocultas, que se encienden en cuanto tienen la oportunidad de fortalecerse. Por eso, existen muchas herramientas, recursos y ofertas disponibles para acompañarte en el proceso introspectivo e investigativo de registrar tus resultados, elecciones, dichos y acciones, e interpretar esos resultados con una mirada fresca.

La indagación en tu interior te permitirá, en última instancia, identificar las partes de tu sistema operativo que ya dejaron de servirte para crear la vida que quieres.

La importancia de ser explícito

Una vez que hayas confrontado y limpiado tus creencias limitantes, el proceso de acostumbrarte a nuevas creencias basadas en la abundancia y en la autoafirmación requiere un paso más: que definas el tipo de vida que deseas crear.

Algunos ya han atravesado este proceso. Sin embargo, para muchos, puede ser la primera vez que, de manera deliberada y consciente, se sientan y escriben, con dedicación, sobre la vida que desean.

El comienzo del proceso creativo implica tener una visión del porvenir en tu vida. Luego deberás expresar esa visión como una solicitud articulada, explícita y publicada más allá de los confines de tu mente. Es seguro que si no solicitas lo que quieres, no lo obtendrás.

Para que se registre tu solicitud, debe expresarse de modo tal que pueda ser comprendida por otras personas. Si la visión queda silenciosa en tu mente, no habrá ningún mecanismo para que se manifieste en el mundo.

El progreso desde la visión hacia una expresión es el paso intermedio para traer esa visión a la realidad. Esta publicación, la articulación de lo que deseas crear, se manifiesta a través del lenguaje, aunque cualquier expresión artística puede ser igualmente poderosa. No importa el medio o la forma del dispositivo, sino la manifestación explícita.

Ya sea que decidas expresarlo de manera escrita, grabada o dibujada, existen muchas ofertas disponibles para ayudarte con el proceso creativo de imaginar y expresar el futuro que deseas crear. Este proceso no es un examen. Pedir la ayuda o el apoyo de otros para traer tu solicitud a la superficie puede ser también muy valioso. Sin embargo, es importante que quien te ayude no distorsione tu pedido con su propia agenda y sus deseos.

El lenguaje o las imágenes que uses serán el reflejo literal de lo que quieres. Las expresiones en esa descripción pueden ser habilitantes de tu empoderamiento, o no.

Las declaraciones enraizadas en un lenguaje asertivo, positivo y orientado a resultados tienen mayor chance de conducir a alcanzar tus objetivos. Si tu meta es encontrar un empleo, y expresas: Quiero un empleo, la traducción literal de esa declaración es que en realidad estás pidiendo querer. Si en vez de ello, declaras: Encontraré un trabajo dentro de los próximos cinco días, lo que enuncias es empoderado, específico y tiene mayor posibilidad de resultar en que consigas el trabajo en el lapso en que te lo propusiste.

Reconocer el poder del lenguaje y de la autoconciencia de las palabras que eliges es central para identificar si todavía estás bajo el influjo del pensamiento post AP o si ya te has liberado de él.

Definir tus valores, tus preferencias, tus pasiones y tus habilidades no es un proceso para los débiles de corazón.

Requiere que eleves la responsabilidad que asumirás a un estado de conciencia plena.

No se trata solo de definir la vida que deseas, sino también de apropiarte y responsabilizarte por los resultados y consecuencias que generarás, de acuerdo con el lenguaje mediante el cual hayas realizado tu pedido.

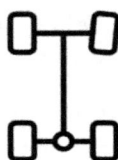

Acerca de la alineación

Una vez definida y expresada una visión post AP para tu vida, el último paso es llevar a cabo las acciones necesarias para hacer que esa visión se concrete. La meta es que esas acciones estén alineadas. Esta alineación es clave para obtener exactamente lo que pides.

¿Qué ocurre cuando las ruedas de un automóvil están desalineadas? Mientras conduces, el volante requiere correcciones y ajustes para mantener el auto en su carril. Si te distraes, la zanja al costado de la ruta puede estar esperándote. La desalineación de pensamientos, palabras y acciones funciona de manera análoga: puedes descarrilar tu vida.

Si mis pensamientos, palabras y acciones son idénticas, hay una posibilidad muy pequeña de que el resultado que pido no se alcance. La concurrencia de mis pensamientos con mis palabras y la de mis palabras con mis acciones evidencia que todos ellos están alineados.

Cualquier desvío entre ellos, entre el pensamiento y las palabras, o entre las palabras y la acción (usualmente, el producto de dudas o creencias basadas en el miedo) garantizarán un resultado alejado de la meta declarada o la pérdida de dirección y sentido.

Bajo los efectos post AP, la mayoría de las expectativas derrotadas y las experiencias fallidas pueden rastrearse hasta la desalineación inconsciente de tus ensamientos, dichos y acciones. Es muy probable que el pensamiento original fue generado por creencias limitantes basadas en el miedo.

Entonces, ¿cómo saber si estarás siguiendo un curso de acción hacia adelante, alineado, no basado en el miedo y sin estar afectado por un AP?

Primero, puedes mirar el tiempo y atención que has invertido en formular la nueva visión. Si te das cuenta de que has actuado de manera impulsiva y por reflejo, ten cuidado.

Segundo, en la expresión de tu visión, el lenguaje que utilizaste, ¿refleja escasez o abundancia en su declaración de intención? Por último, ¿estás activo, haciendo todo lo posible para traer tu visión a la realidad?

Si todo está alineado, entonces los resultadosque forman parte de tu visión deberían realizarse.

Si te encuentras a ti mismo resistiéndote o dudando, dejando las acciones para más adelante, o sin resultados tangibles para mostrar, tener en cuenta el proceso creativo descripto más arriba puede servir para que autodiagnostiques la fuente de desalineación que te está sacando del camino. Este ejercicio puede ser desafiante, en términos de dilucidar cómo aplicarlo a tu propia vida. Hay muchos recursos disponibles para orientarte en el proceso.

Te sugerimos que busques, por prueba y error, cuáles son los adecuados para ti, para darte apoyo en esta indagación.

Quién eres versus qué haces

La siguiente pieza del rompecabezas es saber a dónde quieres ir y quién quieres ser al llegar allí.

Cada uno tiene un lugar, un propósito en la vida, relaciones profesionales y sociales, recursos y restricciones. Todos ellos están interrelacionados y son interdependientes. Resultan de elecciones realizadas sobre lo que quieres. Los motivadores subyacentes se originan allí, donde uno experimenta pasión y conexión.

Definir tu ser a través de lo que amas y de quién quieres ser en el mundo —y no por lo que haces— implica un cambio de conciencia. Enfocarse en el amor y en la intención es clave para trascender los efectos del AP. Honra el corazón y la pasión que definen quién eres.

En cambio, equiparar tu identidad con lo que haces puede subordinar o ignorar al ser humano que eres. Si tú eres tus resultados, un resultado fallido implicaría que eres un fracaso como ser humano.

Escapar del marco y de los efectos post AP implica reconocer que tú no eres tus resultados, sino más bien, tú eres quien se está dirigiendo al miedo que podría estar malográndolos.

Para no repetir los errores del pasado, el camino que trazarás puede reflejar un resultado 100 % alineado, que nazca del amor, de la abundancia y de la consistencia con tus valores y tu mayor pasión.

Una vez fuera de los efectos post AP, tienes la oportunidad no solo de recuperarte, sino de prosperar y realizar tu verdadero potencial generativo.

Para muchos, el concepto de verdadera abundancia, en una base absolutamente internalizada, puede ser una experiencia extraña. Muchos rasgos de nuestra cultura, sobre todo, en la occidental, se originan en la supresión del derecho individual y el juzgar a aquellos que hablen alto o tengan exigencias.

Agrégale a esto la impronta competitiva característica que guía al miedo y a la sospecha sobre los demás. Se nos enseña, tempranamente, que se requiere obediencia a la autoridad, independiente de los valores o juicios internos que vayan en el sentido contrario.

Liberarse de los efectos del AP supone despojarse de la programación instalada durante la primera infancia: No tengo derecho a pedir lo que quiero. Trazar el camino, esta vez, te ofrece la oportunidad de explorar la abundancia verdadera, comenzando por pedirle al Universo lo que quieres.

Al pintar la visión de la vida futura, libre de creencias limitantes, te darás cuenta de que tienes opciones ilimitadas. Piensa como si te hubiesen dado un cheque en blanco para explorar, experimentar y sobresalir en todos los aspectos de tu vida.

Tú eres el creador de tu vida. No hay mayor autoridad (juez, jurado o verdugo) que tú mismo, para definir lo que es justo para ti.

No existe ninguna fórmula ni una calificación como correcta o incorrecta acerca de dónde eliges empezar, qué eliges priorizar, a quién eliges incluir y cuándo y dónde deben ocurrir las cosas.

Este tampoco es un evento que pueda ser realizado de una sola vez. Mientras avanzas, verás que es un proceso dinámico, sujeto a cambios o modificaciones en tiempo real y a voluntad.

Incluir una sensación de urgencia, no desde el lugar del miedo, sino más bien de alegría, entusiasmo y anticipación puede ser también ser un poderoso motivador.

Aquí aplica el viejo adagio: "¿Si no es ahora, cuándo, si no eres tú, quien?". Si el fin de esta búsqueda es crear la vida que quieres y dejar atrás el estancamiento de vivir bajo los impactos post AP, entonces no hay razón para esperar.

§

LA ELECCIÓN CONSCIENTE Y TU NUEVO SER

Hemos preguntado ¿Por dónde empiezo? y descripto las dos formas en las que puede interpretarse. La tendencia de la gente es enfocarse en el qué hacer primero, en vez de en el quién lo estará haciendo.

La autoindagación, en lo que respecta a tu visión y derechos, requiere que mires cómo tomas decisiones.

Podrías preguntarte lo siguiente:

¿Cuáles son mis valores en relación con los demás y con el mundo que me rodea?

¿Cuáles son mis zonas de confort, límites y preferencias al conectarme e interactuar con los demás?

¿Qué es lo que más me gusta y me interesa?

¿Qué es lo que encuentro más desafiante o desencadenante en mis interacciones y experiencias cotidianas?

¿Cuáles son los ítems que han estado por siempre en la lista de cosas por hacer, en lo que respecta a transformar mi salud, mi apariencia, mis actitudes, sentimientos, hábitos, relaciones y más?

La razón para estas preguntas se fundamenta en que, al menos hasta ahora, tus aspiraciones, tal vez, han estado desalineadas con tus acciones o resultados.

Ahora que te estás enfocando en tu presente, creando la vida que quieres, puedes aprovechar la oportunidad de alinear tus nuevos pensamientos con tus dichos y acciones de aquí en adelante.

Apenas trasciendes los efectos iniciales de un AP, no te liberas mágicamente de todos sus motivadores. Sin embargo, en ese momento, puedes rever, redefinir y recontextualizar todos los elementos negativos o ausentes de tu vida, sin juicios ni sesgos cognitivos.

La indecisión y el momento de la verdad

Cuando debes elegir, estás ante el momento de la verdad: ¿limpias la pizarra por completo y comienzas desde cero, o regresas a los patrones conocidos que te han mantenido como rehén post AP?

Es común que, ante esa situación, las personas se congelen en la indecisión. La elección: el miedo de saltar hacia un futuro indefinido o quedarse en un pasado familiar pero que no les es más tolerable.

Es importante distinguir entre estar atascado en un sistema de creencias post AP y estar atascado en la indecisión. El primero es inconsciente, con muchas de las elecciones y acciones que se desarrollan como reflejos. El segundo es el producto de un momento de transición verdadero, que sucede en un estado elevado de autoconciencia, por más que sea desafiante.

La gente tiende a confundir las emociones y experiencias de la indecisión como si fuesen la continuación de los efectos del AP, lo que podría ser utilizado para recaer en sus conocidos patrones y hábitos.

Reconocer las sensaciones de la indecisión como una experiencia temporaria, es clave para eliminar el miedo a lo nuevo. Algunas de las sensaciones de estar atorado en la indecisión pueden ser: la fatiga, falta de motivación, frustración y desesperanza. La indecisión puede llevarte a un estado existencial con un nivel de energía extremadamente bajo.

La mayoría de estos efectos son el resultado de la misma indecisión: no estás influenciado o controlado por las creencias post AP, ni tampoco estás involucrado en escribir una nueva historia. Efectivamente, estás paralizado entre estos dos estados.

Perder el miedo a lo desconocido, y ponerse en acción con propósito puede levantar el letargo producido por la indecisión. El cambio de la marcha experiencial se da cuando se acciona bajo la influencia de las creencias inducidas por el AP, con la distorsión y mala dirección relacionadas, hacia el accionar con la mente abierta, revelando y experimentando un futuro emergente y claro.

Un verdadero cambio experiencial que conduzca hacia un nuevo sistema de creencias significa sumergirse en una realidad completamente nueva. No hay proyecciones de escenarios futuros, puntos de referencia familiares, indicadores de éxito, paradigmas sostenidos con anterioridad ni fantasías o autoengaños.

Sin los miedos y creencias inducidos por el estado post AP al servicio de afirmar la agenda oculta, el nuevo camino puede enraizarse en aprendizaje, descubrimiento, curiosidad y compromiso.

Solo para recordártelo, tienes todo tipo de ayuda a tu alrededor para navegar este difícil mundo nuevo. Para reunir todas las piezas que componen este momento de la verdad, podemos establecer en resumen:

Hay un motivador para estar cansado de estar cansado en relación con los viejos paradigmas y patrones construidos en el despertar del AP.

Existe un miedo de entrar en un terreno nuevo y desconocido, sin puntos de referencia o de familiaridad.

Están los efectos subjetivos, ilusorios y experimentados como debilitantes: como un ciervo frente a los faros de un automóvil, en la indecisión sobre si regresar o ir hacia adelante.

Tienes todas las vocecitas del comité en la parte de atrás de tu cabeza, dedicadas a mantenerte alineado con el statu quo creado post AP, en el cual quien grite más fuerte — ellas o las que buscan tu bienestar— tomará el control.

En este punto, podrías plantear con toda razón: Yo pensaba que me ibas a ayudar. Parece ser que lo que me estás diciendo es que el agujero en el que me encuentro es más profundo y oscuro de lo que yo mismo podría haber llegado a creer que era.

La respuesta para que navegues a través de estas sombras está en tu habilidad innata para realizar nuevas elecciones. La primera opción en tu lista es: Ya es el tiempo de crear mi nuevo futuro. También es reconocer que la sensación de No puedo parar lo que estoy haciendo. Si dejo de moverme, quedo fuera del juego, está basada en el miedo y no en la realidad objetiva.

En última instancia, es tu elección si llevarás tu pasado hacia adelante o si escribirás una nueva historia. No existe lo correcto o incorrecto, ni juzgar como bueno o malo, y no hay mayor autoridad que la tuya en relación con las decisiones que tomes.

La pregunta importante para ti es si cada decisión es el resultado de una autorreflexión consciente con la debida consideración o una decisión automática, manejada por creencias temerosas y juicios arraigados en un sistema operativo post AP.

La elección y el vasto conjunto de microdecisiones y acciones involucradas en la generación de un nuevo resultado viene después de ti. Tú eres quien está tomando esas decisiones.

Hay un infinito número de dimensiones que podrías explorar. Toda pregunta inicial que te energice y conduzca hacia el proceso introspectivo será valiosa. Te ofrecemos los siguientes ejemplos para nada obligatorios:

¿Quién soy?

¿Qué quiero para mi vida?

¿Cuáles son mis necesidades?

¿Qué tengo para ofrecer; y

¿Cómo quiero dárselo al mundo?

Encontrar las respuestas a estas preguntas es un proceso que va de adentro hacia afuera. Debes buscar las respuestas desde tu verdad, tu corazón, tus gustos y preferencias, independientemente de cualquier influencia externa.

¿Quién eres?

Hay dos abordajes para este camino introspectivo. El primero es emergente y generativo, basado en comprometer tu imaginación desde un lugar de sensación y sentimiento. Comenzar con una hoja en blanco define todas las dimensiones de quién deseas ser. Por ejemplo: ¿qué te entusiasma? ¿Qué tienes para ofrecer al mundo y a quienes te rodean?

La figura que emerja puede tener algún parecido con la vida que has venido llevando hasta ahora, pero también puede emerger una figura nueva y diferente a lo conocido. Esto es porque una autoindagación creativa es una oportunidad similar a la de recibir un cheque en blanco. Tus planes del pasado podían haber estado limitados por varios sesgos cognitivos y creencias que no son de relevancia a partir de ahora.

El segundo abordaje implica tocar el agua con los dedos del pie. Es más investigativo y se enfoca en hacer un inventario de tu vida. El desafío al hacer el balance de tu vida es que dejes las gafas con lentes color de rosa en casa. La meta es el auténtico reconocimiento de tus capacidades, talentos, preferencias y personalidad, con una mirada fresca y clara.

Este último abordaje supone mirar qué es lo que tienes, dónde estás, dónde deseas estar y qué podría faltar o resultar insatisfactorio para que tu vida luzca como la que deseas.

Si sigues este abordaje, la idea es que no afirmes tus planes y visiones previas, sino, más bien, mirar dentro de ti sobre la base de una pizarra limpia.

La idea es asegurar que lo que estés por pedir sea lo que realmente quieres. Conocer a tu nuevo yo, post AP, incluye necesariamente lo bueno, lo malo y lo feo. Solo con verdadera claridad y una honesta autoevaluación, se permitirá un camino de transformación vital con los pies en la tierra y sin el riesgo ni temor de descarrilarse ni frustrarse.

Esto no quiere decir que no vayan a ocurrir adversidades en el futuro. Aspiramos a eliminar aquellas consecuencias negativas autoinfligidas que sí podemos evitar.

¿Cuáles son tus valores?

¿Por qué comenzar con valores? Los valores personales que honramos son la expresión y el reflejo de nuestras creencias. Son nuestros valores los que subyacen bajo nuestros pensamientos, dichos y acciones, e infunden la vida que generamos.

Aquí es donde desearíamos distinguir los valores personales que honramos, del valor como reflejo de riqueza, en términos monetarios o de otro tipo. También quisiéramos distinguirlos de imposiciones y agregados culturales tales como la fe religiosa, la práctica espiritual, las leyes, los códigos de conducta o de moralidad, los sistemas de creencias filosóficas, las normas o los dogmas.

Nos referimos a los valores que son el canal idealmente virtuoso en el cual fluyen nuestros pensamientos, palabras y acciones. Son distintos de los valores dependientes del contexto, que son la base para proyectar juicios sobre los demás del tipo bueno o malo, correcto o incorrecto, de aprobación o desaprobación.

Aquí nos enfocamos en los valores que condicionan cómo percibimos y cómo somos percibidos por los demás.

Algunos ejemplos: no dañes, no hagas a los demás lo que no desees que los demás te hagan, sé fiel a tus palabras, da sin esperar retribución y recibe con gratitud.

¿Cuáles son tus superpoderes?

Posees aptitudes, capacidades y potencial generativo único para contribuir positivamente al mundo. Tus dones innatos, tal vez, ya se hayan activado en el transcurso de tu vida.

Si no se activaron, puede ser por la falta de oportunidad para descubrirlos o puede ser el resultado de que tus creencias basadas en el miedo dirijan las elecciones que haces. Estas elecciones pudieron haber estado basadas en lo que pensamos que deberíamos haber hecho, o basadas en juicios afectados por riesgos que hemos percibido, o por peligros asociados por seguir a nuestro corazón.

Esta pregunta te permite distinguir entre lo que has estado haciendo y lo que realmente quieres hacer. La idea es reconocer tus más grandes talentos, tus dones y lo que hayas adquirido como una competencia, pero que no posee, para ti, ningún atractivo en particular.

Al buscar nuestros superpoderes, es común que no percibas como significativas ciertas habilidades, porque aparecen en ti con facilidad y sin un esfuerzo aparente. Esta tendencia a desvalorizar tus superpoderes puede basarse en la presunción que lo que resulta sencillo para ti, es igual de sencillo para los demás, y, en consecuencia, esa capacidad no es notable.

El hecho de ser naturales en ti, hace superpoderes a esas habilidades. Al indagar, puede ser de suma ayuda preguntarles a quienes te rodean, qué es lo que más valoran en ti o cuáles son tus mejores habilidades según su punto de vista.

¿Qué es lo que quieres?

En el contexto de pedir lo que quieres para tu vida, obtendrás exactamente lo que pides. Si pides un té, obtendrás un té.

Si tu requerimiento se basa en lo que crees posible o en lo que otros esperan o requieren, el resultado no cambiará, obtendrás lo que pides, sin importar si es lo que realmente quieres.

Existe un universo de creencias basadas en el miedo y presunciones autolimitantes que pueden explicar por qué podrías pedir algo que, de hecho, no es lo que tú quieres.

El propósito de preguntar ¿Qué es lo que me gusta? es reemplazar todas las reglas autogeneradas, juicios y presunciones, y así, obtener lo que realmente quieres.

Como dijimos, se trata de una oportunidad similar a la de recibir un cheque en blanco. No hay costo ni riesgo asociado al expresar, en papel o a viva voz, qué es lo que quieres y qué es lo que te gusta.

Reconectarte con tu derecho a pedir y reconocer tu habilidad para hacerlo es el primer paso para manifestarlo. El proceso generativo de expresar cualquier cosa comienza con el pensamiento o visión que tienes. El proceso básico es: primero, piensa; segundo, exprésalo, y tercero, llévalo a la realidad.

Estamos culturalmente programados para no pedir o a basar el requerimiento en el miedo y la escasez. Eliminar las limitaciones que estos traen puede resultar en un incremento exponencial de las opciones disponibles.

Ten cuidado de tus propias fake news

Los juicios y creencias autogenerados sobre lo que puedes o no hacer post AP, generalmente, no se basan en la realidad objetiva. No significa que el contexto en el que surgen no sea real. Sin embargo, las creencias que puedes construir como resultado de ese contexto pueden ser materialmente distorsionadas, incluso, falsas.

Puedes darte la oportunidad de dejar a un costado todas tus creencias limitantes. A través de la autoindagación, preguntando a los demás cómo te perciben, o de la exploración de iniciativas que descartaste con anterioridad, podrás encuadrar tu yo más auténtico y revelar lo que podría ser posible.

Si antes percibías que no podías hacer algo y lo hacías de todas maneras, es probable que haya sido como una forma de confirmar tu autopercepción de inhabilidad y que no debías haberlo intentado en primer lugar. Tu meta oculta era, en ese momento, reafirmar tu creencia negativa. Sin esas creencias limitantes, te sería posible revisitar la idea de volver a hacer cosas para descubrir lo que realmente puedes hacer ahora.

En el mismo sentido, si ha habido cosas que hiciste en el pasado que te resultaron desafiantes por demás, puedes dar una mirada a como las habías hecho. Tal vez, ahora conoces otras maneras de hacerlas, trabajando con más inteligencia que insistencia.

El cambio en ambos contextos radica en que reconozcas cómo las metas ocultas y las creencias construidas han afectado tus resultados: desencadenando y confirmando autopercepciones negativas. Con un poco de tu tiempo y atención, puedes traer a la superficie nuevas oportunidades.

Otra fuente rica para confirmar tus fake news y creencias negativas pueden ser las personas que te rodean.

Una analogía que podría ser muy útil es la de ver a tu vida como un gran musical de Broadway, en el que eres el autor del libro, el compositor, el productor, el director, el encargado del casting, el conductor y el inversor. Todas las cosas y las personas que aparecen en el escenario, desde que abres los ojos en la mañana hasta que los cierras en la noche, son colocadas allí por ti mismo, para representar la historia que has elegido narrar.

La gente que eliges y la que te acompaña —amigos, pareja, conocidos, empleados, colegas, socios, familiares, entre otros— se comportan como espejos. Están allí para reflejar y confirmar las creencias internas sobre el estado de tu vida y de tu narrativa. Si crees que eres un mal proveedor, no sería sorprendente que elijas en tu casting una pareja que te lo recuerde todos los días. Si crees que no eres un buen líder, seguramente, te encontrarás sufriendo a un socio con un carácter del tipo alfa, abusivo, que nunca reconoce tu valor ni tus contribuciones, y que nunca pierde la oportunidad de subordinarte frente a los demás.

El mismo fenómeno puede emerger del contexto en el que te ubicas. Si crees que eres un malísimo vendedor, podrás encontrarte trabajando como vendedor de la línea frontal de una concesionaria de autos usados, con el más bajo historial de ventas de la concesionaria. Si te sientes torpe socialmente, te encontrarás trabajando como representante de servicios al cliente, y vivirás en una continua insatisfacción.

El quid de la cuestión es si reconoces que tus decisiones y sus consecuencias se están manejando por motivaciones distorsionadas. Manejadas por tu meta oculta: confirmar una de tus creencias negativas centrales.

Una vez que el motivador negativo es removido, tienes el derecho y la posibilidad de limpiar todo, de cambiar el elenco de tu musical, de reescribir el libro y de crear una nueva historia, que refleje tus sueños y deseos auténticos.

La última pieza del rompecabezas de las fake news es la selectividad afinada que tienes al buscar evidencia para dar apoyo a tus metas ocultas.

Estamos rodeados por una variedad de señales provenientes de entretenimientos y publicidades multimedia, diseñadas para proyectar imágenes de muchos ideales: de apariencia, de riqueza, de edad, de estilo de vida, de sensualidad o de gustos.

El efecto de estos mensajes es que alimentan juicios negativos sobre ti mismo. La decisión que deberías tomar es: ¿elegirás dar tiempo y atención a esas señales para ser afectado por su influencia y efectos, o no?

Si trasciendes el juicio negativo sobre ti mismo, entonces, anularás el motivador que busca y absorbe señales que no sean autoafirmantes. Te liberarás y cambiarás lo que sea que antes haya sido la base de tu descontento.

Si añoras la época en la que estabas más delgado, en vez de mirar cuerpos perfectos en la TV mientras te alimentas con comida basura, hacer ejercicio puede ser una manera de cambiar tu físico, tu salud y tu bienestar.

Conciencia e intencionalidad

Cuando te abocas a pensar dónde ir o qué hacer luego, puedes tentarte en focalizarte en una sola meta como el primer paso hacia la salvación.

A pesar de aparentar ser muy lógico, poner foco en una sola meta puede sesgar las opciones disponibles respecto de la manera de llegar a ellas. Ir sobre una línea recta desde un punto A hacia el B puede no ser el mejor abordaje.

Si bien sabemos que es un cliché, puedes obtener tu mayor satisfacción y alegría durante el viaje, y en lo que experimentes en el camino.

La mente afectada por el post AP ama las construcciones enfocadas en las metas. Deja mucho espacio para estrechar las opciones y limita las posibilidades, para perpetuar los miedos y creencias negativos. Cuando se establece un rumbo diferente, es tanto sobre la propia autoconciencia en el hacer, como sobre qué es lo que se elige hacer. Recurrir a lo familiar, a lo rutinario, a lo probado y cierto, es arriesgarse a permanecer atascado en la zona de confort post AP.

Salir de ese confort significa explorar todas las dimensiones de las elecciones presentes y futuras: el dónde, qué, con quién, cómo y cuándo. El desafío es preguntarte si cada elección se realiza conscientemente, con una intención verdadera, desde un lugar de autocuidado e interés en ti mismo.

Si lo antedicho guía tus elecciones y acciones, no existe una meta incorrecta, ni es necesaria ninguna autoridad superior que juzgue lo que elegiste.

Discernimiento en la toma de decisiones

Puedes ser el diseñador y el navegante de tu propio camino. Bajo las influencias de un AP, una gran parte de tu vida discrecional tiende a basarse en decisiones hechas por reflejo. Es clave que reafirmes el discernimiento consciente al tomar decisiones para trascender los efectos post AP.

Puede resultar fácil y atractivo recurrir a recetas, iniciativas, prácticas y otras soluciones listas para usar, con el propósito de que estos te brinden todas las respuestas o necesidades. Bajo la influencia y los filtros de colores del post AP, el atractivo de estas ofertas puede serte irresistible frente al dolor y frustración que habitan tu existencia en el día a día.

Ya liberado de los filtros del post AP, si tu discernimiento funciona a toda marcha y tu autoconciencia está operando, se te hace posible apropiarte del proceso de evaluación relacionado con adoptar, o no, cualquier práctica o conjunto de herramientas en particular.

Decidir si construir tu propio camino, protocolos y abordajes o adoptar soluciones listas para usar está en el corazón de responder el cómo andarás. Puede haber varios obstáculos cuando comienzas el proceso de evaluación.

El primero es: Si es demasiado bueno para ser cierto, probablemente no sea real. No hay ninguna olla de oro al final del arco iris, ni las hadas danzan en la cabeza de un alfiler.

Cualquier abordaje programático sobre cómo encarar la transformación de tu vida debe contar con tu más serio e intencionado esfuerzo. Ningún cambio significativo puede ocurrir si no hay compromiso de tiempo, de atención y de energía. Transformarse nunca es gratuito, ni hay atajos.

La posibilidad de que un boleto de lotería sea el ganador desafía toda base racional como para comprar uno, pero la magnitud del premio hace que comprarlo sea irresistible. Las ofertas —con recompensas que, en apariencia, no requieren que inviertas tiempo y esfuerzo— omiten mencionar el esfuerzo, trabajo y compromiso requerido para eventualmente lograr el resultado prometido.

Las estadísticas ejercen una tremenda atracción y pueden ser utilizadas para desactivar el discernimiento. Generalmente, las promesas cuantificadas de consecuencias, ganancias o estilos de vida fantasiosos vienen acompañadas de afirmaciones acerca del poco requerimiento de tu tiempo y energía.

Los números por sí solos no equivalen a una garantía y los resultados prometidos suelen ser irreales o inalcanzables. No queremos sugerir que no haya valor ni potencial en estas ofertas. Hay que reconocer el poder de las prácticas de mercadeo que se utilizan, estas se diseñan para influenciar, manipular y negar tu capacidad de discernimiento. Su único propósito es motivarte a comprar. Apuntan a estimular disparadores emocionales que subyacen tanto en las vulnerabilidades de la etapa post AP como en la escasez-como-condición-humana programada culturalmente.

Los mismos principios, prácticas y discernimiento requeridos aplican en el contexto de las ofertas que apuntan al crecimiento y desarrollo personal, al despertar espiritual, a la atención plena (mindfulness), a la conciencia y a las actividades relacionadas con la fe. Si el compromiso relacionado con estas ofertas pide que aceptes y adhieras a sistemas de creencias o a protocolos sumisos, y aceptes de manera incuestionable credos o dogmas de propiedad de quien lo ofrece (usualmente, acompañados de una jerga especial y de códigos secretos), ten mucho cuidado.

La compensación por participar puede implicar la suspensión de tu libre albedrío, a veces, acompañada de una gran demanda de tu tiempo, de tu dinero y de otros recursos. El riesgo es que podrías llegar a encontrarte cambiando la mirada de tu vida post AP, por un plan con atributos muy similares a los que estás buscando dejar atrás.

Los motivadores e incentivos, basados en la aceptación y en el aprecio, resultan de la manipulación de tus miedos y creencias centrales. No buscan su alivio.

Algo similar ocurre con los sistemas jerárquicos, en los que medallas, certificados, títulos y recompensas conforman una meritocracia artificial, en la que la validación y la autoridad se premian desde arriba.

No quiere decir que no puedas obtener de las antedichas ofertas un valor y aprendizaje significativos. Sin embargo, aborda la decisión de compra con la conciencia plena del yo que está eligiendo explorarlas.

Tu capacidad de discernimiento contextualiza el alcance y la naturaleza del compromiso que realizas y del beneficio que obtienes. Es clave que elijas actuar no de manera refleja, sino con propósito.

Si te percatas de que estás substituyendo el momento de elección por una solución externa al comienzo mismo del proceso, puede ser una señal de alerta de que algo anda mal. Algo similar les ocurre a los adictos a las compras, donde el premio se percibe en el momento de adquisición, no en el placer de luego usar aquello que se ha comprado.

No existen las balas de plata. Solo tú puedes habilitar y ejecutar un curso de acción que determine una consecuencia en particular, la que dependerá de cuán en claro tienes a todas las dimensiones del por qué eliges lo que luego harás.

Hay veces en que el engaño surge de tomar la decisión repentina de cambiar por completo o de reemplazar una parte significativa de tu vida por una alternativa nueva y que no has explorado previamente. La decisión de convertirte a una nueva religión o a cambiar de profesión desde un campo acreditado a otro diferente —por ejemplo, si un contador decide ser luchador profesional a los 65 años— puede ser una señal de alerta de una elección engañosa.

La cuestión es si está operando un proceso de discernimiento. Si la decisión es intrínsecamente impulsiva, es probable que esté al servicio de confirmar las creencias post AP, y eso incluye, una configuración para el fracaso.

Por supuesto que puedes decidir realizar un cambio significativo, incluso radical, en tu vida. No es el cambio en sí lo que se cuestiona aquí. La clave radica, como en los ejemplos anteriores, en el yo que está haciendo ese cambio y en la claridad de entendimiento que traes al proceso de toma de decisiones.

Es más importante, para lograr una transformación post AP, que definas y te apropies del proceso, que elijas las preguntas más importantes para realizar, y que traigas tus recursos cognitivos, emocionales y sensoriales a pleno, para sostenerlo.

Tú eres el protagonista y autor
de tu historia.
Es para que tú mismo la escribas.

§

AMA A TU YO POST AP

Los efectos del AP pueden involucrar mucho autojuicio, culpa y autosabotaje. Son lentes emocionales internas. Superar estos efectos implica que reemplaces tus creencias negativas con un nuevo guion, que describa qué es lo que sientes y piensas acerca de ti mismo, en tiempo real.

Con el espíritu de obtener lo que pides, si tus creencias post AP han girado alrededor de una narrativa autocrítica, es probable que tus circunstancias reflejen esa narrativa. Esto suele suceder cuando eliges a gente con la cual asociarte o en las actividades y en los compromisos donde tus habilidades y tu comportamiento dan forma a los juicios y críticas de los demás.

Si reemplazas todos esos juicios y deficiencias autoimpuestas por amor, respeto, la aceptación y el reconocimiento de tu valor intrínseco, podrías encontrarte con la inclinación a replantear el vínculo con las personas, los lugares y las cosas con los que te has rodeado hasta el momento.

Tal vez, requiera un nuevo elenco, además de actitudes y de afirmaciones que te sean nutritivas. Puede ser difícil reconocer los desafíos que estén probando a tu nuevo yo.

83

Pueden tomar la forma de personas o circunstancias que intentarán reencender a tu viejo yo y a las viejas voces que llenaban antes tu cabeza. Esas voces no resuenan sobre tu nuevo yo, sino, más bien, sobre sus miedos y juicios sobre tu versión post AP.

Hay un dicho: "Entrenamos a la gente sobre cómo debe tratarnos". Podrías necesitar reentrenar a quienes forman parte de tu vida y recalibrar su manera de relacionarse contigo. Alternativamente, podrías necesitar distanciarte de aquellos para quienes tu versión post AP constituía su atracción primaria.

Vive una vida trascendente

No hay ningún indicador que, por sí solo, te envíe la señal de estar libre de los efectos del AP. Los beneficios que experimentes pueden ser efímeros.

Sin embargo, los signos del cambio hacia una vida trascendente post AP están incrustados en las experiencias emocionales que tienes en la base espiritual, intelectual y de incorporación. El modo en que experimentas el mundo cuando abres los ojos a la mañana es cualitativamente diferente, y percibes que hay opciones y oportunidades ilimitadas, una plena conciencia de tu valor y potencial generativo, y un sentido general de gratitud hacia una vida de abundancia.

Este camino es para vivir una vida abundante y feliz. Es sobre reemplazar el miedo, no muy intenso pero omnipresente, por una profunda sensación de bienestar. Implica dejar de ponerte a la defensiva, y sentir curiosidad y entusiasmo por lo que el futuro te depara.

Es importante mantener en la conciencia, en lo más elevado de tu ser, cómo vas yendo, cuán lejos has llegado y qué es lo nuevo que emerge y evoluciona. Automonitorearte reafirma el proceso de cambio subyacente.

En el corazón de todos los efectos post AP y en su trascendencia, se ubica la idea de enriquecer la conciencia y la autoconciencia. Explicitar lo que no te sirve o lo que requiere ser cambiado es parte de la esencia para volver a despertar la más grande y plena versión de tu vida.

Fija límites

Bajo los efectos post apocalipsis personal, los límites que definen cómo te relacionas e interactúas con los demás, pueden anclarse en el miedo o proyectados de forma refleja. Un límite mal ubicado o ausente solo se percibe a través de sus consecuencias, como interacciones difíciles con los demás, sin tomar conciencia sobre qué motivó esas fricciones.

Estas barreras inconscientes pueden asociarse al aislamiento, a tus dificultades para socializar y a la pérdida de oportunidades para conectarte o comprometerte. Tu yo trascendente y autorrealizado con plenitud tendrá una mayor conciencia de tus valores, gustos y aversiones en relación con lo que quieres y no quieres, con lo que haces y con quién lo compartes. También se enlaza con la reconexión con tu poder y derecho a pedir lo que quieres y a rechazar lo que no quieres.

Es clave para tu autocuidado fijar límites de modo claro, explícito y alineado, al mundo y a quienes te rodean. Mientras más elocuentemente puedas comunicar tus límites, podrás obtener lo que quieres con mayor precisión. A la inversa, mientras más claro seas en definir lo que no te guste o no te interese, será más probable que no te encuentres alcanzando resultados no deseados.

Recupera la alegría de vivir

Un AP tiende a matar tu alegría y felicidad. El efecto depende de las experiencias cotidianas enraizadas en tus miedos, que preserves en el tiempo.

Tras un período extenso de sufrir los efectos post apocalipsis personal, es posible que olvides lo que era sentirte contento. Las lentes coloreadas por esta perspectiva tienden a enmascarar las múltiples oportunidades y relaciones con las cuales podrías experimentar el bienestar.

Este efecto inconsciente de anteojera puede perdurar después de que hayas trascendido las voces interiores que lo habilitaron.

A tu alrededor, hay oportunidades ilimitadas para conectarte, relacionarte, recibir, comprometerte y encontrar alegría. Una parte importante de crear la vida que quieres, es sostener el compromiso de brindar tu presencia tanto como te sea posible. Debes estar abierto al mundo, a quienes estén en tu entorno y a todas las oportunidades para conectarte de manera activa.

Reconocemos que, para los introvertidos, esto puede representar un gran esfuerzo. Sin embargo, hasta el sencillo acto de hacer contacto visual con alguien, puede ser suficiente para catalizar una conexión.

Puedes ir a comprar alimentos sin bajarte de tu automóvil, pagar, beber la taza de café, y seguir tu camino; o puedes saludar, preguntar a la persona te atiende cómo se siente o elogiar la calidad de su atención, y agradecer antes de seguir viaje. Un cambio sutil en tu comportamiento puede crear mejores relaciones y conexiones, que podrían enriquecer esos momentos y otros en el futuro.

Al final, tú tienes el control y eres responsable de cada aspecto de tu vida y de cada interacción que experimentas. Como elijas relacionarte determinará el resultado que generes.

Lleva algo de práctica volver a despertar la dimensión de tu autoconciencia relacionada con tus proyecciones para priorizar las oportunidades, lugares, actividades y vínculos. Ha sido bien investigado por la neurociencia que el simple acto de sonreír o hacer contacto visual, desde un lugar de apertura, puede desencadenar una poderosa respuesta de los demás. Si proyectas calidez, alegría y felicidad, recibirás respuestas cálidas, alegres y felices.

Esto no debe confundirse con la práctica o comportamiento muy común de siempre sonreír y ser complaciente. Esa actitud puede percibirse como falta de sinceridad, basada en el miedo o autodefensiva. Los comportamientos automáticos o por reflejo pueden ser indicadores de un patrón anclado en los efectos posteriores al apocalipsis personal, y experimentado como falso o inauténtico por el receptor.

Reactivar la auténtica y verdadera
alegría de vivir es la más grande
oportunidad para la celebración del ser,
de la vida, y de la trascendencia del pasado.

§

PENSAMIENTOS FINALES

En Trascender el Apocalipsis Personal, hemos buscado:

- Encuadrar lo que es un AP.

- Describir los contextos en los cuales puede aparecer un AP.

- Bosquejar algunas dimensiones para el autodiagnóstico que ayuden a determinar si se está o no experimentando los efectos posteriores al apocalipsis personal.

- Examinar las autoindagaciones a nivel macroscópico, para que pueda serte útil en la validación de tu autoevaluación.

Al llegar a la conclusión de que estás experimentando los efectos post AP, hemos intentado identificar y encuadrar los problemas que pueden surgir. En la medida que los AP pueden afectar las dimensiones fundacionales de tus patrones emocionales, cognitivos y de comportamiento, hemos tratado de delinear un plan para contribuir a que te salgas del AP.

Para esto, a través de la creación del espacio y del tiempo para reflexionar y sanar, hemos bosquejado un proceso de autoindagación usando la metáfora de una pizarra en blanco sobre la cual puedas escribir una nueva historia de vida.

También intentamos catalizar el proceso a través de una serie de indagaciones. Cualquiera o todas ellas pueden ofrecer un momento tipo ahá, de resonancia o de revelación. Pueden ayudarte a liberarte de los miedos y de creencias limitantes inducidas por el AP, y revelar un universo de oportunidades y posibilidades a tu alrededor.

Al leer nuestro libro y responder a sus llamados a la acción, creemos que podrás recuperar o descubrir el sentido sobre quién eres y lo que tienes para ofrecer, y, a la vez, revelar innumerables medios y caminos para que realices tus más grandes sueños.

Epílogo

No pretendemos prescribir lo que debes hacer al encontrarte bajo los efectos de un AP. Notarás que, en el libro, no hay recetas, plantillas ni mapas, ni tampoco te hemos brindado ninguna lista de tareas para realizar y verificar.

El mayor deseo es ayudarte a trascender frente el desborde emocional centrado en el miedo y de autojuzgamiento que puede desencadenar un AP. Queremos acompañarte para que logres un entendimiento empoderado y autorrealizado de la vida que deseas.

También notarás la ausencia de casos específicos o historias del héroe de otros en el libro. El riesgo al que te hubiéramos expuesto si te contábamos historias de esa naturaleza hubiera sido sugerirte que: Si yo hago lo que ellos hicieron, obtendré lo que ellos obtuvieron.

No incluimos esas narrativas con toda intención, porque creemos que los problemas y contextos que enfrentas son solo tuyos, únicos. Solo tú debes resolverlos para que la trascendencia sea eficaz. Es la historia que tú y solo tú debes escribir.

El corazón del libro enfatiza que tú eres el experto mejor equipado y calificado para definir e implementar el camino para transformar de tu vida.

TRASCENDER EL APOCALIPSIS PERSONAL

APÉNDICE

Hay un amplio conjunto de ofertas que pueden acompañarte en este trayecto de cambio. Hemos incluido una lista de libros que consideramos esenciales para nuestro círculo social y profesional y, algunos de ellos, clave para millones de lectores que han querido mejorar sus vidas. La lista no intenta de ser imperiosa ni exhaustiva.

Las recomendaciones se basan solo en la propia experiencia e investigación, y las incluimos para ayudarte a ordenar tus ideas y separar la paja del trigo.

Como señalamos anteriormente, aproxímate a las ofertas del mercado con discernimiento y cautela. No constituyen tu salvación. Son recursos que pueden orientarte en tu transformación individual.

Lista de recursos

- James Allen: *Como un hombre piensa.*
- Alfred Adler: *Conocimiento del hombre.*
- Brené Brown: *Daring greatly.*
- Rhonda Byrne: *El Secreto.*
- Julia Cameron: *El camino del artista.*
- Dale Carnegie: *Cómo ganar amigos e influir sobre las personas.*
- Paulo Coelho: *El Alquimista.*

- Stephen R. Covey: *Los 7 hábitos de la gente altamente efectiva.*

- Victor Frankl: *El hombre en busca de sentido.*

- Clare Graves: *Spiral Dynamics.*

- Dave Gray: *Liminal Thinking.*

- Louise Hay: *Usted puede sanar su vida.*

- Shad Helmstetter: *What to say when you talk to your self.*

- Harville Hendrix: *Getting the love you want.*

- Esther Hicks and Jerry Hicks: *La ley de atracción.*

- Napoleon Hill: Piense y hágase rico.

- Susan Jeffers: *Aunque tenga miedo, hágalo igual.*

- C. G. Jung: *The Undiscovered Self.*

- Robert Kiyosaki: *Padre Rico, Padre Pobre.*

- Randy Pausch: *La última lección.*

- M. Scott Peck: *El camino menos transitado.*

- James Redfield: *La novena revelación.*

- Tony Robbins: *Controle su destino: Despertando el gigante que lleva dentro.*

- Miguel Ruiz: *Los cuatro acuerdos.*

- Jonas Salzgeber: *The Little Book of Stoicism.*

- Andrian Teodoro: *El poder de la energía positiva.*

- Eckhart Tolle: *Un nuevo mundo.*

- Neale Donald Walsch: *Conversaciones con Dios.*

- Ken Wilber: *Una teoría de todo.*

- Marianne Williamson: *El poder de las lágrimas.*

Invitación

Queremos ofrecerte una invitación. Si sientes que querrías compartir con nosotros y con otras personas tus experiencias, y conectarte con otros que transitan desafíos similares, visítanos en nuestro sitio web: http://www.freeofpa.com o en nuestro grupo de Facebook: **freeofPA**.

SOBRE LOS AUTORES

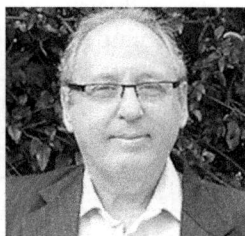

Cuando Fabián Szulanski se graduó en Ingeniería Civil, inmediatamente después experimentó su primer Apocalipsis Personal, encontrándose inmerso en una economía y un país sin trabajo remunerado en oferta. Después de varias rondas en el tiovivo del Apocalipsis Personal; finalmente encontró el camino de su vida y el rumbo a seguir. Esto catalizó un viaje de transformación desde el mundo de la medición y el cálculo de la Ingeniería, a un viaje de 20 años hacia la naturaleza del pensamiento sistémico, el comportamiento humano y la colaboración, como profesor, consultor, facilitador y entrenador.

Su cosmovisión centrada en el ser humano sentó las bases para la coautoría de Trascender el Apocalipsis Personal, y nutre su práctica profesional en los ámbitos de la innovación estratégica y el pensamiento sistémico.

Fabián tiene un título de Ingeniero Civil de la Universidad de Buenos Aires, ha completado estudios adicionales en la Universidad de Bergen (Noruega) y el ITBA (Instituto Tecnológico de Buenos Aires), respectivamente, en pos de un doctorado en Liderazgo e Innovación Sistémica.

Fabián nació y se crió en Buenos Aires, Argentina, donde actualmente reside con su esposa. Es cofundador de The Values Foundation.

Contacto: fabian@thevaluesfoundation.org

Cuando Doug Breitbart era un exitoso empresario, abogado y ejecutivo de la industria del entretenimiento, el mundo que él lo conocía se evaporó. En ese momento experimentó su primer Apocalipsis Personal. Éste sirvió como catalizador para un viaje de 25 años de autodescubrimiento, despertar y reinvención como abogado integral, consultor corporativo e instructor; y sentó las bases para su coautoría de Transcending Personal Apocalypse.

Nacido y criado en Greenwich Village de la ciudad de Nueva York, Doug se graduó en el Columbia College y en la Facultad de Derecho de la Universidad de Fordham. Se ha desempeñado como abogado, consultor corporativo, instructor, facilitador, entrenador, catalizador cultural y desafiante en general.

Doug es un instructor certificado de The Living Course, un taller Adleriano de crecimiento y desarrollo personal; y un Instructor Certificado de la INCAF (Red Internacional para Niños y Familias) llamado Redirigiendo el Comportamiento de los Niños, un programa de prácticas de crianza.

Doug vive en Bridgman, Michigan con su esposa y dos perros rescatados, Huck y Leo. Es cofundador de The Values Foundation.

Contacto: doug@thevaluesfoundation.org

www.ingramcontent.com/pod-product-compliance
Lightning Source LLC
LaVergne TN
LVHW051601080426
835510LV00020B/3089